© 2018, José Carlos Torres De Rueda

Primera edición: Julio de 2018

El autor agradece comentarios y dudas via e-mail: jctorres.3321@gmail.com

No se permite la reproduccion total o parcial de este libro, ni su incorporacion a un sisema informatico, ni su transmision en cualquier forma o por cualquier medio, sea éste electronico, mecánico, por fotocopia, por grabación u otros métodos, sin el permiso previo y por escrito de los titulares del copyright.

ÍNDICE

INTRODUCCIÓN...1

PRIMERA PARTE: DEFINIENDO EL PROBLEMA...7
CAPITULO I. ANÁLISIS HISTÓRICO-JURÍDICO DEL CONCEPTO DE MATRIMONIO. 7
    1.1 Época clásica – romana 7
    1.2. Época cristiana 10
    1.3. Secularización 12
    1.4. México 15
CAPITULO II. ESTUDIOS SOBRE EL MATRIMONIO Y LA FAMILIA. 29
    2.1. Estudio sociológico. 30
    2.2. Estudio económico. 39
    2.3. Cultura familiar mundial. 45
    2.4. Conclusión de la primera parte. 46

SEGUNDA PARTE: EL MATRIMONIO 49
CAPITULO III. ¿QUÉ ES EL MATRIMONIO? Y ¿POR QUÉ LE INTERESA AL ESTADO? 49
    3.1. Matrimonio como una figura jurídica. 50
    3.2. Bienes humanos básicos 54
    3.3. Matrimonio como bien humano básico. 59
    3.4. Matrimonio como una unión completa. 61
    3.5. Dos visiones 65
    3.6. Estado actual. 67
    3.7. El interés del Estado por la regulación de un acto personal e íntimo. 76
    3.8. Características de una relación relevante para el estado. 83

TERCER PARTE: REDEFINIR EL MATRIMONIO 88
CAPITULO IV. LIBERTAD, DERECHO Y MATRIMONIO 88
    4.1. ¿Qué es la libertad? 88
    4.2. ¿Qué es el derecho? 95
    4.3. El matrimonio restringido entre un hombre y una mujer ¿es discriminatorio? 103
CAPITULO V. REDEFINIR EL MATRIMONIO: ¿POR QUÉ NO DA IGUAL? 106
    5.1. Debilitamiento del matrimonio. 108
    5.2. Expansionismo del Estado 109
    5.3. Superficialidad de la maternidad y paternidad. 110
CONCLUSIONES..112
PROPUESTAS 119

BIBLIOGRAFÍA..121

INTRODUCCIÓN

El 22 de noviembre de 1969, tras la conferencia especializada interamericana de Derechos Humanos en San José, Costa Rica, algunos países de esta región signaron el Pacto de San José, reafirmando su compromiso con la libertad personal y justicia social, basándose en el respeto a los Derechos Humanos.

Así, las naciones, acordaron suscribir el artículo 17.1 del pacto de San José (México se adhirió el 03 de febrero de 1981) que dice: "La familia es el elemento natural y fundamental de la sociedad y debe ser protegida por la sociedad y el Estado."

Para responder a ello, el legislador mexicano consagra en el artículo 4to segundo párrafo, donde dice: "El varón y la mujer son iguales ante la ley. Esta protegerá la organización y el desarrollo de la familia."

A pesar de la protección que le da a la familia el derecho internacional e interno, es común ver hijos criados en pobreza por madre o padre solteros, no solo por el aumento de divorcios sino por la disminución de los matrimonios[1] y siendo el matrimonio la "manera ideal" de comenzar una familia, la crisis no puede resultar de otro lugar que no sea de esta institución. Existe un debate público sobre qué es el matrimonio, y el hecho de que exista discusión es evidencia de que hay confusión.

Es vital, ante un problema, saber definir los conceptos para poder entenderlo, asentar bien las bases, de forma que se pueda avanzar en encontrar la solución. Ese es el problema que busca resolver esta investigación, ¿Qué elementos debe tomarse en cuenta para definir al matrimonio de forma que sea relevante para el Estado?, se trata de proponer conceptos para poder avanzar en la discusión, es decir, responder la pregunta de por qué al Estado le interesa proteger el matrimonio, así se podrá contestar de qué manera debe hacerlo.

El matrimonio es el principio de la familia, deberemos centrarnos en él y en su fin, que es la procreación de hijos y la complementariedad del hombre y la mujer, en ese orden.

---

[1] Este asunto se abordará más adelante.

Analizaremos si las leyes familiares son adecuadas o corresponden a intereses políticos o modas sin fundamento que van contra el bien común.

Las personas han dejado de lado la institución del matrimonio, cada vez disminuye el número de matrimonios porque parece ser que cohabitar resulta lo mismo que el matrimonio civil, pero sin tantas obligaciones (obligaciones que consideramos naturales). Éste se ha convertido en un trámite o contrato más, cuyos contratantes prefieren no celebrar.

¿Para qué contraer matrimonio? Que un hombre y una mujer adquieran este compromiso, es lo mismo que sí no lo hacen, pero los hijos crecen en un ambiente inestable, donde corren el peligro de que sus padres se separen.

En una relación donde la unión del hombre y la mujer es tan delgada y frágil no se busca la complementariedad, no se alcanza ningún fin natural del matrimonio. Los obstáculos que el Estado pone al divorcio no son suficientes para frenar estos efectos.

Mantener la figura del divorcio con requisitos muy específicos, es como tener una puerta de escape "medio abierta", el resultado será el mismo que tenerla totalmente abierta, pues una puerta no puede estar medio abierta o medio cerrada, está abierta o cerrada totalmente.

Se considera que en la actualidad, los Estados están mirando de la manera incorrecta al Matrimonio sin darse cuenta de los problemas que puede acarrear para el bienestar de la sociedad en general.

Como dice Pedro-Juan Viladrich, "Las definiciones del matrimonio en los manuales jurídicos lo caracterizan desde hace mucho tiempo como una institución legal, una estructura formal y abstracta, desconexa de su fundamentación y significados antropológicos por considerarse estos elementos metajurídicos."[2]

Parece que el Estado ha olvidado que a la familia hay que cuidarla desde su inicio, es decir, el matrimonio, pues ella cumple funciones que éste no podría cumplir

---

[2] VILADRICH, Pedro-Juan, *El modelo antropológico del Matrimonio*, RIALP, España, 2001. p. 11

sólo: funciones económicas, educativas, socialización primaria y secundaria, ayuda a personas con discapacidades, etc. que varían con las culturas y las épocas pero que son siempre muy importantes.[3]

Como dice Pierpaolo Donati, "en muchos países no se tiene en cuenta que la familia realiza funciones esenciales de compensación entre quien tiene una ocupación en el mercado de trabajo y quien no la tiene, entre quien está sano y quien está enfermo, entre quien es autónomo (como el adulto) y quien es dependiente (como los niños y los ancianos)."[4]

Por el avance que ha tenido la tendencia a desligar el matrimonio de la familia, en Estados Unidos se puede notar -a través de las estadísticas-, de los efectos que han tenido. Ellos son provocados porque al redefinir el concepto de matrimonio, éste ha perdido importancia. Los datos son recogidos por William B. May en su obra *Getting the marriage conversation right:*[5]

- La opinión en Estados Unidos sobre el matrimonio ha cambiado:
    - El 56% de los jóvenes en último año de High school opinan que está bien tener hijos fuera del matrimonio.
    - El 30% de las personas entre 18 y 39 años piensan que el matrimonio es importante si la pareja tiene hijos.
    - El 44% de las personas entre 18 y 29 años piensan que el matrimonio es obsoleto.
- 41% de los niños nacen fuera del matrimonio.
- 71% de familias de escasos recursos surgen de parejas de hecho.
- El 50% de los niños que son criados por un solo padre tienen más posibilidades de vivir en pobreza al ser adultos.

---

[3] *Cfr.* BURGOS, Juan Manuel, *Antropología: Una guía para la existencia*, Palabra, España, 2003. p. 309
[4] DONATI, Pierpaolo, *Manual de sociología de la familia*, EUNSA, España, 2003. p. 377
[5] MAY, William B. *Getting the marriage conversation right* [Version Kindle DX], Emmaus Road, U.S.A. 2012.

- Las niñas criadas por un solo padre son dos veces más propensas a tener un hijo fuera del matrimonio.

Para preocuparnos por ese problema no hay que ir tan lejos. La situación del país del norte se está reproduciendo en México. Desde que en el 2000 la Asamblea Legislativa del Distrito Federal redefinió el concepto de matrimonio comenzó una lucha entre la sociedad civil y el Estado.

Algunas veces la sociedad civil cuenta con el apoyo de las autoridades legislativas de cada entidad federativa. Pero también cuenta con que la Suprema Corte de Justicia de la Nación elegirá defender una visión equivocada motivados por grupos minoritarios.

Existe una crisis del matrimonio y una discusión pública sobre lo que es el matrimonio. La crisis no es provocada por la lucha de los "derechos de los homosexuales", ya que viene de antes: hay una confusión sobre el concepto de matrimonio.

Todo comenzó cuando se dejó de contemplar al matrimonio como la fundación de una familia y se limitó a verlo como una institución para dos personas adultas.

Si esta visión daña a la familia, las leyes promulgadas bajo ella deberían ser declaradas inconstitucionales, pues basándonos en el artículo 4to constitucional "toda ley que rija en la República deberá proteger la organización y desarrollo de la familia."

La investigación servirá para justificar la debida protección que el Estado debe dar al matrimonio lo cual depende que sea visto desde una visión socialmente relevante para cumplir ciertos fines básicos. Para eso se presentan dos tipos de visiones, una llamada revisionista y la llamada conyugal o conyugalista[6].

---

[6] Nombres utilizados por Sherif Girgis, derivado de la tendencia que busca reinterpretar conceptos, doctrinas o prácticas con la intención de actualizarlas (revisionismo) y de aquella que busca mantener el concepto de matrimonio como institución natural.

El tema principal es el interés del Estado por el matrimonio, dirigido a demostrar cómo no le interesa regular cualquier tipo de relaciones, y responder por qué si le interesa el matrimonio, dónde está ese interés que lo hace tan importante.

Partiendo de los datos arrojados por Willian B. May en su obra y ya expuestos en esta introducción, surgen varios cuestionamientos que reflejan un problema en la sociedad estadounidense y que sin ningún obstáculo podrían empezar a darse en México.

Ya hemos expuesto que el principal problema radica en el concepto del Matrimonio, hay dos visiones y una de ellas no puede estar correcta, pues –partiendo del principio filosófico de no contradicción- una cosa no puede ser y no ser al mismo tiempo y en las mismas circunstancias.

Se debe llegar a un acuerdo sobre el concepto de Matrimonio para poder definir cuál es el verdadero interés del Estado en regularlo, pues a este no le interesa regular cualquier tipo de relaciones privadas. Cabe preguntarse si es solo una figura jurídica o es algo más.

Dentro de esa búsqueda por definir el Matrimonio tendríamos que contestar si es una figura "maleable" -tanto por los legisladores, jueces o la sociedad entera- al gusto de la "libertad ilustrada."

Por último y para comenzar a exponer el tema, es importante aclarar que esta investigación no es un argumento más en contra de las uniones homosexuales o en contra del divorcio. Con esto no se busca solucionar un tema controversial, sino crear un argumento a favor de la verdadera naturaleza del matrimonio y del interés del Estado. Por esto mismo, tampoco es una investigación del Derecho Civil positivo, sino de Filosofía del Derecho.

Se utiliza el método deductivo para llegar a una conclusión en base a casos concretos ocurridos en otros países y los efectos que ha tenido la aplicación de ciertas normas. Al hablar de las estadísticas, utilizamos el método de concordancias y estadístico al analizar fenómenos distintos en lugares diferentes y probar que son causa de una manera de pensar y crear leyes. Además de otros métodos como el histórico en el primer capítulo y el descriptivo y jurídico al hablar de la sociedad actual.

PRIMERA PARTE: DEFINIENDO EL PROBLEMA

CAPITULO I. ANÁLISIS HISTÓRICO-JURÍDICO DEL CONCEPTO DE MATRIMONIO

Es importante analizar esta institución a través de la historia. Gracias al pasado podemos entender el presente, y mejorar el futuro, sacar lecciones de los errores. Gracias al estudio de la familia en la historia podemos entender que no son hechos biológicos o zoológicos, sino verdaderos fenómenos culturales.

Desde los inicios de la filosofía en Grecia, se expone que todas las cosas que, existen finalizadas (es decir, tienen un fin). Están "diseñadas" de tal modo que tienen todo lo necesario para cumplir ese fin. El hombre forma parte del mundo insertado en la sociedad. Ésta a su vez, tiene la finalidad de conseguir que el hombre llegue a la virtud.

En ese sentido, sabemos que las comunidades, cualesquiera que sean sus circunstancias (tamaño, ubicación geográfica, tiempo, etc. podríamos estar hablando de un matrimonio como de un imperio) se definen por sus fines.

Analizamos la época romana, cristiana y de secularización y luego específicamente la historia en México, pues es una división que, en mi opinión, facilita el estudio de la evolución histórica del derecho occidental.

No podemos definir años en los que termina un derecho y empieza el otro, pues muchas veces subsistían ambos mientras uno desaparecía y el otro emergía. Por ejemplo, mientras el derecho romano caía, el canónico surgía. Luego, este fue olvidado por la secularización, y de ella surge el derecho mexicano.

1.1 Época clásica – romana

Durante el periodo romano, otras civilizaciones tenían su regulación jurídica propia para el matrimonio, pero son poco conocidas e influyentes en el concepto actual. En cambio, el derecho romano se extendió por el mundo conocido en ese tiempo y gracias a ello, también llegó a nuestros tiempos. Es la "cuna cierta de la ciencia jurídica del continente europeo."[7]

Es por eso que no es interés para esta investigación analizar otras uniones más antiguas y sin un respaldo jurídico. En Roma, el matrimonio era una situación de hecho con consecuencias jurídicas, con un inicio formal propio.

El matrimonio fue definido por Modestino como *"Coniunctio maris et feminae, consortium omnis vitae, divini et humani iuris communicatio."*[8]

La condición para la formalidad del acto como legítimo, era la *affectio maritalis*, la cual no tenía ninguna forma de expresarla, así que se deducía por el comportamiento y debía probarse con cualquier medio. En el Decreto de Graciano, este consideraba el *affectio* como aquello que distinguía a la esposa de la concubina.

Como consecuencia de ese *affectio maritalis*, el matrimonio es monogámico por costumbre y tradición, basado en principios religiosos, políticos y jurídicos, bajo la protección del *Pater Familias*.

La familia romana es patriarcal, se caracteriza por el sometimiento de la mujer al esposo a través de un acto por el que ella pasaba a formar parte de la familia del marido (ya sea él el *pater familias*, o sea *alieni iuris*) llamado matrimonio *in manu*. Podía ser también *sine manu*, es decir, sin ese sometimiento.

El matrimonio *in manu* se hacía de tres formas. La *coemptio* era una pseudo compra de la mujer. El *usus* era la "usucapión" de la mujer. También existía la *confarreatio*, que era una ceremonia religiosa frente a los testigos y el sacerdote.

El rito del matrimonio expresaba como se volvían una sola persona, el marido y la mujer intercambiaban sus votos ante los dioses tras un sacrificio: *"Ubi tu Gaius, ego Gaia."*[9]

---

[7] DE LA MATA PIZAÑA, Felipe, *Derecho Familiar y sus reformas más recientes a la legislación del D.F.*, Porrúa, México, 2012, p. 117.
[8] D. 23, 2, 1. "Unión de varón y mujer, consorcio de toda la vida, comunión del derecho divino y humano."
[9] "Donde tú seas Cayo, yo seré Caya".

Los contrayentes debían cumplir dos tipos de requisitos, de edad y situación familiar.

Para el requisito legal, los contrayentes debían ser púberos. Hay dos escuelas sobre ello. Los *sabinianos* decían que ese requisito se cumplía con la opinión del *pater familias,* mientras que los *proculianos* decían que la mujer debía tener 12 años y 14 los hombres. A final de cuentas, esta fue la opinión que prevaleció.[10]

Las costumbres de esta civilización reprobaban el incesto y el Derecho lo condenaba como un crimen duramente castigado, por lo que los límites estaban fijados. Se prohibió la unión entre parientes ascendientes y descendientes hasta el infinito. En línea colateral hasta el tercer grado.

"El amor no se impone mediante la coacción del juez"[11] por ello no había tantas restricciones al matrimonio. Pero ambas limitaciones muestran el interés del estado por el matrimonio debido a la importancia de esta figura para la sociedad.

Es importante destacar que a los romanos no se les pasaba por la mente la posibilidad de separar un matrimonio, el cual se funda en la convivencia y el amor entre los consortes. La única posibilidad de disolverlo era la falta de uno de ellos, ya sea por la muerte o desaparición (como presunción de muerte).

Más tarde, surge en Roma el divorcio, a quien hay autores que culpan –junto con la corrupción de las costumbres (ejemplo de costumbre: el matrimonio monogámico) y la desnatalidad- de la caída del imperio, pues la población había descendido a la mitad.

Aparece el *Divortium* y el *Repudium*, el primero cuando era de común acuerdo y el segundo cuando es voluntad de un solo cónyuge. Desde Rómulo hasta las XII tablas, el divorcio se adquiría solo después de que un tribunal doméstico (familiares de la mujer) se reunía y decidía otorgar el castigo, más tarde se podría contraer nuevas nupcias.

---

[10] *Cfr.* GAUDEMET, Jean, *El Matrimonio en Occidente*, Taurus, España, 1993, p. 49.
[11] *Ibídem*, p. 51.

Tras las XII tablas además del tribunal doméstico, aparece la figura del *Censor*, que buscaba mantener las costumbres en Roma, parte de su trabajo era evitar que se hiciera un abuso del divorcio. Aun así, el divorcio aumentó en esta época.

Augusto buscó repoblar el imperio, por lo que tomó medidas y formuló leyes para motivar a los romanos a casarse y para hacer más difícil el divorcio, pero no tuvo éxito.

El concepto de matrimonio era claro, y la regulación de esta institución actuaba en consecuencia. Nunca fue considerado un contrato, ni figuraba en la lista de contratos.

1.2. Época cristiana

En medio del imperio romano surgió el cristianismo y a medida que se extendía por todo el mundo conocido fue formando su disciplina eclesiástica sobre el matrimonio, la cual no difería mucho del resto de tradiciones jurídicas, salvo en algunas grecorromanas.

Ambas concepciones (cristiana y romana) terminaron por combinarse, pues según Gaudemet, "muchos de los recién conversos habían vivido y concluido su unión con arreglo a las prescripciones de ese derecho. ¿Por qué rechazarlo, ya que (en la mayor parte de los casos) no chocaba con la nueva moral?"[12]

"Guiados por la moral cristiana, y conservando en buena parte el derecho clásico del matrimonio romano, Papas y concilios sentaron las bases del derecho matrimonial canónico, mientras que la legislación del bajo imperio, a veces bajo la influencia del cristianismo triunfante, aportó al derecho matrimonial seglar algunas innovaciones."[13]

Fue hasta el siglo IV cuando la influencia cristiana comenzó a aparecer en las estructuras jurídicas, aunque no de manera profunda en lo relativo al matrimonio. Los

---

[12] *Ibídem*, p. 64.
[13] *Ibídem*, p. 23.

Papas y Obispos se limitaban a resolver ciertos puntos específicos en conflicto que se volvían regla general, pero siempre remitiendo las dificultades a la autoridad seglar.

No se puede ignorar ni negar lo que el cristianismo vino a traer a la institución del matrimonio, pues desde el siglo X al XVI, el derecho canónico monopolizó al derecho de familia. El Derecho Canónico comenzó a ver al matrimonio como un "bien" -según la doctrina de San Agustín-.

Éste hablaba de los "bienes del matrimonio" que no solo remediaban la concupiscencia, sino que garantizaba la continuidad de la especie. Constaba de tres elementos: *proles* (generación), *fides* (fidelidad), *sacramentum* (Sacramento).

Desde entonces se reconoce la procreación como el fin primordial del matrimonio. "Dios instituyó el matrimonio para engendrar, no para pecar. De ahí la bendición del matrimonio con la fórmula: "Creced y multiplicaos" (Gn1, 28)."[14]

El siguiente elemento, la fidelidad, tiene mucha importancia jurídica. Nace del pacto conyugal y otorga derecho sobre el cuerpo del otro cónyuge, de allí que se funda en ella la presunción de paternidad. Si se viola este elemento, ¿Dónde queda la presunción de paternidad?

El elemento del Sacramento es importante, pero no es relevante para esta investigación, por lo que nos limitaremos a decir que es signo de la unión de la carne, tanto como la unión de Cristo con su Iglesia. Que la unión sexual es el único Sacramento donde se identifica el receptor con el ministro y que en ella se funda "la indisoluble perseverancia del hombre y la mujer."[15] Esto será atacado duramente por Carranza en México más adelante.

La Iglesia canonizó un concepto de Matrimonio tomado del decreto de Graciano, perdido hasta finales del siglo XI en las Decretales de Gregorio IX: "La unión del hombre con la mujer, estableciendo una comunidad de vida entre ellos."[16]

---

[14] *Ibídem* p.70.
[15] *De bono coniugali*, XV.
[16] GAUDEMET, *op. cit*, p. 193.

Tampoco la Patrística llegó a considerar el Matrimonio como un contrato, sino como un pacto. Fue en el siglo XI donde ponían como ejemplo de contrato a la celebración de la boda. Pero aun insertado en una figura jurídica, la Iglesia nunca olvidó su origen divino.

Del matrimonio surge la célula de la sociedad: la familia, permite al hombre y a la mujer servir a la vida y perfección humana. Así lo ha expresado la Iglesia desde su principio y hasta el día de hoy.

Hasta la Reforma y la revolución francesa, el matrimonio era una institución sagrada, pero a partir de esos sucesos, se comenzó a buscar la separación Iglesia - Estado, lo que provocó que el matrimonio perdiera solidez y la familia se volviera cada vez más inestable, no porque tal separación sea inconveniente, sino por el cambio de la percepción de matrimonio que surgió de ella.

1.3. Secularización

Situados en el S. XVI, comienza un movimiento de secularización, motivado por la reforma protestante, que tendrá su culmen con la revolución francesa en el S. XVIII. Más tarde, este movimiento influenciará a los países del continente americano en el S. XIX.

Los reformadores enseñaban una nueva doctrina matrimonial diferente a la que se había enseñado hasta esos momentos. Debido a eso el Concilio de Trento estructuró de mejor manera la institución del matrimonio, y paralelamente, nació el derecho seglar del matrimonio.

En general, la filosofía tiene cambios de pensamientos que pueden ayudar a entender aquellos específicos en el concepto de matrimonio. En esta época entra la edad de oro de la libertad y el derecho "mal entendida". El individuo deja de ser un miembro de una comunidad y se convierte un átomo de autonomía, es decir, en libertad.

Siguiendo la línea de la libertad como autonomía, aparece la palabra "Derecho" entendida como la facultad de reclamar algo de alguien, no ya como el equilibrio de las cosas[17].

Es difícil encontrar unanimidad en las opiniones de los reformadores, pues cada quien tenía la suya, prueba del relativismo en el que se apoyan, por eso no es posible hablar de "los reformadores" como un grupo unánime. Pero destaca la opinión de Calvino sobre el acto sexual, quien dice que no es única para la procreación, sino que la pareja puede hacer uso de ella cómo quisiera, opinión en la que se basan muchas ideas actuales.

También destaca el trabajo de Lutero, quien en su obra *De captivitate babylonica Ecclesie* acabó con la idea del matrimonio como Sacramento. Y más tarde culmina su ataque al matrimonio con las obras *Vom Ehelischen leben* y *Von Ehesachen*, los cuales fueron atacados por el futuro fundador del anglicanismo, Enrique VIII. Mientras que la Iglesia y su derecho Canónico buscaban mantener la concepción que hasta entonces se tenía sobre el matrimonio.

Sobre todo, el protestantismo atacaba la idea de la consumación del matrimonio mediante el acto sexual, el impedimento del parentesco y el rigorismo en la indisolubilidad. Es decir, querían realizar el acto sexual sin que eso sea un acto exclusivo del matrimonio, querían uniones entre familiares más cercanos y poder separarse más fácilmente.

Al mismo tiempo de la reforma protestante, los estados europeos fueron consolidándose. Justificados en los pensamientos filosóficos ya mencionados comenzaron a legislar y juzgar sobre el matrimonio, elaborando una doctrina seglar, influenciada por la Iglesia, pero al mismo tiempo diferente a ella.

---

[17] Sobre esta transición es útil comparar el concepto de justicia interpretado a la luz del Digesto (D.8.2.2) con el de Tomás de Aquino (S.Th. I-II q.60 a.3 co.), Francisco Suarez (De Légibus, I, ii, 5), Hugo Grocio (De Iure Belli ac Pacis, L.I, cap.1, párr 4) y Thomas Hobbes (Leviatán, Cap. XIV, Vol 1). *Cfr.* PALLARES, Pedro. *El "ajustado" y "lo justo",* La #44,074 visto el: 21/03/2016. en: http://la44074.blogspot.mx/2015/11/el-ajustado-y-lo-justo.html

Al principio, la realeza no se atrevió a atacar al matrimonio, sin embargo, a la hora de aplicar el Derecho Canónico del matrimonio surgido del Concilio de Trento (terminado en 1563), los nuevos Estados tuvieron problemas.

Polonia, Portugal, Florencia, Venecia y parte de Suiza lo integraron a su derecho seglar; Inglaterra y Hungría lo rechazaron por completo, el primero por haber roto con Roma y el segundo en virtud de la libertad religiosa; España y Alemania lo aceptaron en parte; Francia se mostró reticente por ser un Concilio extranjero y fue aprobado por el clero hasta 1615 pero sin refrendo regio.

A pesar de eso, cuando había transgresiones contra las leyes del matrimonio (Canónicas o seglares) el Estado no dudaba en castigar duramente, pues reconocía en ellas una transgresión directa contra el orden público y las leyes del reino.

Para ilustrar el nuevo dualismo de derechos diferentes sobre el mismo terreno (Canónico y seglar sobre el matrimonio) surgido en el S. XVII, sirve de ejemplo el caso de Gastón de Orleáns (hermano de Luis XIII de Francia) y Margarita (hija de Francisco II duque de Lorena) relatado por Jean Gaudemet en su ya citado libro "El matrimonio en occidente".

El matrimonio se llevó a cabo sin el consentimiento del rey, por lo que éste llevó el caso al parlamento para anular la unión, argumentando que por la importancia política, requiere el consentimiento de su persona. El parlamento accedió a su petición.

Apoyado por la protesta del Papa Urbano VIII, Gastón puso en duda la competencia del órgano seglar. Por eso, Luis XIII consulto a la asamblea del clero, quienes reconocieron la competencia del parlamento basándose en la distinción contrato-Sacramento. Es decir, el tribunal eclesiástico puede declarar nulo el Sacramento y el parlamento declarar que el contrato no fue valido.

Ese fue el caso que impulsó durante un tiempo la secularidad del matrimonio, hasta llegar al extremo de decir que el contrato es la materia del Sacramento, por lo que, si el primero es nulo, el segundo también.

Como reflejo del cambio del concepto de matrimonio (antes, un Sacramento) aparece como culmen la obra de Robert-Joseph Pothier, quien se atreve a identificar al matrimonio como un contrato civil. En su obra *Contrat de marriage* lo define como el "más excelente y más antiguo de todos los contratos. [...] Es el que más interesa a la sociedad civil."[18]

Excluye la complementariedad sexual de los cónyuges y limita la consumación al simple compromiso recíproco. Se marca una separación entre contrato y Sacramento, dejando la segunda en manos de la Iglesia y la primera en las del Estado, separándose de las formas fijadas en el concilio de Trento.

La constitución francesa de 1791 le da el carácter de contrato civil y nada más (II, art. 7). Tal institución se contrae por la declaración de las partes y del funcionario público. Desconocía el matrimonio religioso.

El matrimonio podría separarse de la Iglesia, pero no de la moral. Las uniones libres y los concubinatos no solo no eran reconocidos, eran censurados por la opinión pública y no otorgaban derechos.

1.4. México

Este punto va enfocado a analizar la evolución del concepto de matrimonio en nuestro país, con ello los lectores podrán notar cómo se ha transformado el concepto de matrimonio a lo largo del tiempo.

Comenzando por la época precolonial, haciendo un breve análisis, solo para contrastar con la época colonial e independiente, que como se estudiará más adelante, aunque se formó un nuevo Estado, el matrimonio se mantuvo. Luego se presentan tres regímenes que resumen la historia de México: Liberal (1859-1914), revolucionario (1914-1974) y posmoderno (desde el 1974 hasta nuestros días).

---

[18] GAUDEMET, *op. cit.*, p. 375.

4.1 Precolonial. El matrimonio en los pueblos Mayas era una institución "consolidada ritualmente y esencial en la vida comunitaria."[19] Era permanente, se cuidaba la monogamia. Se podía disolver la unión en forma de repudio cuando la mujer o el hombre no pudieran tener hijos. Es decir, era la unión de un solo hombre con una sola mujer para la procreación de los hijos.

En el derecho Azteca se permitía la poligamia para balancear una sociedad en constantes guerras, pero solo a algunas personas. Los tipos de uniones eran el Matrimonio permanente (el matrimonio normal con una sola mujer), Matrimonio temporal (esperaba el cumplimiento de una condición como el nacimiento de un hijo para volverlo permanente o disolverlo).

La separación era mal vista por la sociedad, la pareja iba ante el juez y éste los divorciaba tácitamente, pues "se negaba a participar de manera expresa en la conducta antisocial que significaba la disolución del vínculo matrimonial."[20]

4.2 Colonia e independencia. Desde la conquista española y hasta la independencia se consideraba al matrimonio como una figura del derecho canónico, y el derecho se basaba en todo lo relativo al tema en las siete partidas y el concilio de Trento. Es por eso que no ahondaremos más en lo relativo al Concilio de Trento ya expuesto antes de manera general, pero si en las siete partidas como el caso específico de México.

De las siete partidas surge el concepto de matrimonio como *"ayuntamiento de marido é de mujer, fecho con tal entencion de bevir siempre en uno, é de nin se departir; guardando lealtad cada uno de ellos al otro, é non se ayuntando el varon a otra mujer, nin ella á otro varon, viviendo ambos á dos."*[21] (4,2,1) Sus fines, también de

---

[19] GARZA, María de las Mercedes, "El matrimonio, ámbito vital de la mujer maya", *Revista de arqueología mexicana*, Ciudad de México, volumen 60, 2003, p. 19.
[20] CRUZ, Oscar, *Historia del Derecho en México*, Oxford, México, 2004, p.26.
[21] *Siete Partidas de Alfonso el sabio*, visto el 21 de marzo de 2016 en http://fama2.us.es/fde/lasSietePartidasEd1807T3.pdf

las partidas son *"fe, e linaje, e Sacramento"* (4,2,3) (fidelidad, procreación e indisolubilidad).

Más adelante se adopta el concepto "francés" de matrimonio, basado en Pothier, que el matrimonio es un contrato civil.

El cambio más importante en la etapa post-independentista de México es que el matrimonio se vuelve materia legislativa en ciertas etapas marcadas por gobiernos federalistas, y le toca al legislador definirla, imponer requisitos y efectos. Todo esto de forma general, sin importar religión.

Responde a la idea liberal de libertad, no por dejar espacio a la libertad de la persona, sino porque el legislador tiene libertad de legislar sobre cualquier cosa y las personas son libres de cualquier atadura o compromiso.

La ley el registro civil de 1857 (antecedente de otra expedida dos años más tarde) establecía que las autoridades civiles debían registrar actos del estado civil: nacimiento, matrimonio, adopción, sacerdocio, votos religiosos y muerte (art. 12). Ya definía que el matrimonio es un acto civil, pero contemplaba que antes del registro, se debía celebrar el Sacramento ante el párroco (art. 65).

4.3 Régimen liberal (1859 - 1914). El 23 y 28 de julio de 1859, dentro de las leyes de reforma, se expidieron dos leyes interesantes para nuestro objeto de estudio: La ley de Matrimonio Civil y la Ley Orgánica del Registro Civil, respectivamente.

Por su contexto histórico podemos entender que Benito Juárez quería dejar clara la separación Iglesia-Estado, por lo que ambos preámbulos comenzaban similarmente:

> Considerando. Que por la independencia declarada de los negocios civiles del Estado, respecto de los eclesiásticos, ha cesado la delegación que el soberano había hecho al clero para que con solo su intervención en el matrimonio, este contrato surtiera todos sus efectos civiles.
>
> Que, reasumiendo todo el ejercicio del poder en el soberano, éste debe cuidar de que un contrato tan importante como el matrimonio, se celebre con todas las

solemnidades que juzgue convenientes a su validez y firmeza, y que el cumplimiento de éstas le conste de un modo directo y auténtico. (Ley del Matrimonio Civil).

Considerando que para perfeccionar la independencia en que deben permanecer recíprocamente el Estado y la Iglesia, no puede ya encomendarse a ésta por aquel el registro que había tenido del nacimiento, matrimonio y fallecimiento de las personas, registros cuyos datos eran los únicos que servían para establecer en todas las aplicaciones prácticas de la vida el estado civil de las personas.

Que la sociedad civil no podrá tener las constancias que más le importan sobre el estado de las personas, si no hubiese autoridad ante la que aquellas se hiciesen registrar y hacer valer. (Ley Orgánica del Registro Civil).

Lo interesante de estos textos es el alejamiento del concepto de matrimonio-Sacramento y la institucionalización del matrimonio-contrato. Aun así, el presidente Juárez declara que el acto mismo del matrimonio es importante para el Estado, y es importante que exista un registro de él, pues aun siendo un acto privado, es de interés público.

El concepto de matrimonio cambia: "Art. 1. El matrimonio es un contrato civil que se contrae lícita y válidamente ante la autoridad civil." Ya no importan los fines naturales (procreación y ayuda mutua), sino el cumplimiento de las formas de contraer el matrimonio, el consentimiento. Ya no es una institución natural, sino legislativa, es el "soberano" quien da a los ciudadanos el matrimonio y quien lo define.

En esta época aparece un nuevo concepto en el proyecto de "Código Civil del Imperio Mexicano" de 1866, que su única relevancia es que pasaría a los códigos civiles de 1870 y 1884: "art. 99. El matrimonio es la sociedad legítima de un solo hombre y de una sola mujer, que se unen con vínculo indisoluble para perpetuar su especie y ayudarse a llevar el peso de la vida." Resalta como se deja atrás la definición de contrato y se vuelve al de la sociedad y se recuerdan los fines del matrimonio.

El año siguiente, Juárez dejaría sin vigor ese proyecto de ley, volviendo a la ley de 1859.

En 1873, Lerdo de Tejada reformó la Constitución, adhiriendo los principios de la Reforma, y con ello, manteniendo el concepto de matrimonio-contrato, pero además de declarar que el Estado define las formas de contraerlo, también agregó que define sus efectos o su "fuerza". Permite, además, que cada estado defina al matrimonio con su respectivo Código Civil.

Nosotros nos concentraremos en el Código Civil Federal y del Distrito Federal de 1870 y 1884, por ser inspiración para los demás códigos. En estos se copia íntegramente la definición dada por Maximiliano, prevaleciendo sobre el concepto de contrato, tal vez pensando que al hablar de "sociedad" también se habla de "contrato".

4.4 Régimen revolucionario (1914 – 1974). El plan de Guadalupe original no tenía ningún interés en tocar el tema del matrimonio, sin embargo, en el decreto que lo adicionaba ya hablaba de él. En la exposición de motivos declaraba que Carranza tenía "la obligación de procurar que cuanto antes se pongan en vigor todas las leyes que deben cristalizar las reformas políticas y económicas que el país necesita"[22] entre ellas "las leyes relativas al matrimonio y al estado civil de las personas (art. 2)."[23]

En el decreto del 29 de diciembre de 1914 que reformaba la Ley Orgánica de las Adiciones y Reformas Constitucionales de 1874 afirmaba que "el matrimonio tiene como objetos esenciales la procreación de la especie, la educación de los hijos y la mutua ayuda de los contrayentes para soportar las cargas de la vida."[24]

El 5 de febrero de 1917 se expide la Constitución Política de los Estados Unidos Mexicanos. Sobre el matrimonio se expresa en el art. 130, tercer párrafo, dentro de todas las disposiciones que mantenían separadas a la Iglesia del Estado:

"El matrimonio es un contrato civil. Este y los demás actos del estado civil de las personas, son de la exclusiva competencia de los funcionarios y autoridades del orden

---

[22] ADAME GODDARD, Jorge, *El matrimonio civil en México (1859-2000)*, Instituto de investigaciones jurídicas de la UNAM, México, 2004, p. 35.
[23] *Ídem.*
[24] *Ibídem*, p. 36.

civil, en los términos prevenidos por las leyes, y tendrán la fuerza y validez que las mismas les atribuyan."

Apenas aprobada la Constitución, Carranza expidió la Ley de Relaciones Familiares entre el 14 de abril y el 11 de mayo de 1917. En su exposición de motivos, declaraba que buscaba organizar la familia sobre bases más racionales y justas que las del derecho romano conservado por la Iglesia.

Afirmaba que era una familia donde el poder lo tenía el marido y la mujer era su esclava, por lo que, en nombre de la igualdad, tendrían que reformar todo el derecho de familia y "des-victimizar" a la mujer. Ponía en entredicho la indisolubilidad matrimonial, pues no era necesaria para la procreación de los hijos.

No es motivo de analizar la constitucionalidad de la ley, expedida por el ejecutivo cuando ya existía un poder legislativo, solo mencionaremos la opinión de Eduardo Pallares, quien comentó que era una ley "profundamente revolucionaria, silenciosa y sordamente destructora del núcleo familiar… sus autores no temieron desafiar a una porción considerable de la opinión pública."[25]

También es importante analizar la Ley Del Divorcio expedida años antes por el mismo Carranza (29 de diciembre de 1914) pues nos permite profundizar más en una figura cuyo tema es el matrimonio, su separación, pero matrimonio al fin.

En ese sentido, estudiar la exposición de motivos de Carranza al expedirla nos permite ver por qué nació y como se ha desarrollado y transformado una concepción de matrimonio novedosa para ese tiempo:

> La simple separación de los consortes, sin disolver el vínculo, única forma que permitió la ley de catorce de diciembre de 1874, lejos de satisfacer la necesidad social de reducir a su mínima expresión las consecuencias de las uniones desgraciadas, solo crea una situación irregular, peor que la que trata de remediarse, porque fomenta la

---

[25] PALLARES, Eduardo, *Ley sobre Relaciones Familiares, comentada y concordada*, 2da edición, México, 1923, pp. 5 – 6 citado por ADAME GODDARD, *op. cit.* p. 42.

discordia entre las familias, lastimando hondamente los afectos entre padres e hijos y extendiendo la desmoralización en la sociedad.[26]

Es cierto que la simple separación de los consortes no reduce a su mínima expresión las consecuencias de la unión, hacerlo sería lastimar más a los hijos. Padre y madre, divorciados o no, tienen la obligación de velar por el desarrollo de los hijos, frutos de ese matrimonio. Además, un divorcio vincular también trae discordia entre las familias y lastima aún más los afectos entre padres e hijos al permitir que un tercero (el nuevo cónyuge) se interponga en la relación. Sobre la moralidad de casarse varias veces, tenemos que mencionar que ni en época de Carranza ni en la actualidad, es visiblemente aprobada la multiplicidad de matrimonios.

"Que esa simple separación de los consortes crea, además una situación anómala de duración indefinida, que es contraria a la naturaleza y al derecho que tiene todo ser humano de procurar su bienestar y la satisfacción de sus necesidades, por cuanto condena a los cónyuges separados a perpetua inhabilidad para los más altos fines de la vida."[27]

Carranza olvida o ignora que el primer fin del matrimonio –como ya vimos- es la procreación de los hijos, no la satisfacción sexual de los cónyuges, como implícitamente menciona.

"Que la experiencia y el ejemplo de las naciones civilizadas enseñan que el divorcio que disuelve el vínculo es el único medio racional de subsanar, hasta donde es posible, los errores de uniones que no pueden o no deben subsistir."[28]

Consideramos este último argumento como vacío, lo único que menciona es que hay otros países más desarrollados en los que se ha implantado el divorcio vincular, en México tenemos bastantes experiencias con leyes tomadas de otros países que por motivos culturales han sido un fracaso en el país (por ejemplo, el control difuso copiado

---

[26] PALLARES, Eduardo, *Leyes complementarias del Código Civil*, México, 1920, pp. 412-416.
[27] *Ídem*.
[28] *Ídem*.

del derecho anglosajón, que en teoría funciona en México, pero en la práctica no existe). Más adelante, en el capítulo 2 veremos consecuencias de leyes de este tipo.

"Que, admitiendo el principio establecido por nuestras leyes de reforma, de que el matrimonio es un contrato civil, formado principalmente por la espontánea y libre voluntad de los contrayentes, es absurdo que deba subsistir cuando esa voluntad falta por completo, o cuando existan causas que hagan definitivamente irreparable la desunión consumada ya por las circunstancias."[29]

Aquí se contempla la influencia de la Revolución Francesa al considerar al Matrimonio como un simple contrato civil entre particulares, olvidando la definición de Modestino, que más que un contrato, el Matrimonio es un consenso para toda la vida, ignorando, además, el hecho de los hijos, el tercero perjudicado, quien no tiene culpa alguna y resulta ser el fin principal de la institución.

Que tratándose de uniones que por irreductible incompatibilidad de caracteres, tuvieran que deshacerse por la voluntad de las partes, se hace solamente necesario cerciorarse de la definitiva voluntad de los cónyuges para divorciarse, y de la imposibilidad absoluta de remediar sus desavenencias o de resolver sus crisis, lo cual puede comprobarse por el transcurso de un periodo racional de tiempo, desde la celebración del matrimonio hasta que se permita su disolución, para convencerse así de que la desunión moral de los cónyuges es irreparable.

Que, por otra parte, el divorcio por consentimiento mutuo es un medio discreto de cubrir culpas graves de algunos de los cónyuges por medio de la voluntad de ambos para divorciarse, sin necesidad de dejar sobre las respectivas familias o sobre los hijos la mancha de la deshonra.[30]

En ambos motivos Carranza plantea un problema que no justifica el divorcio vincular. El su segundo argumento dice que el divorcio vincular es un medio discreto,

---

[29] Ídem.
[30] Ídem.

cuando la experiencia nos dice que no es así, que tiene graves y destacables consecuencias.

> Que además, es bien conocida la circunstancia de que el matrimonio entre las clases desheredadas de este país es excepcional realizando la mayor parte de las uniones de ambos sexos por amasiatos, que casi nunca llegan a legalizarse ya sea por la pobreza de los interesados o por temor instintivo de contraer un lazo de consecuencias irreparables, y en estas condiciones es evidente que la institución del divorcio que disuelva el vínculo es el medio más directo y poderoso para reducir a su mínimo el número de uniones ilegitimas entre las clases populares, que forman la inmensa mayoría de la nación mexicana, disminuyendo, como consecuencia forzosa el número de hijos cuya condición está actualmente fuera de la ley.[31]

La figura del divorcio no ha logrado erradicar a los hijos fuera de matrimonio o las uniones ilegítimas, incluso, más adelante se estudiará cómo la existencia el divorcio legal desinhibe el ánimo de contraer matrimonio en la sociedad (Capitulo II).

> Que, además es un hecho fuera de toda duda que en las clases medias de México la mujer, debido a las condiciones especiales de educación y costumbres de dichas clases, esta incapacitada para la lucha económica por la vida, de donde resulta que la mujer cuyo matrimonio llega a ser un fracaso se convierte en una víctima del marido y se encuentra en una condición de esclavitud de la cual le es imposible salir si la ley no la emancipa desvinculándola del marido. Que en efecto, en la clase media la separación es casi siempre provocada por la culpa del marido y es de ordinario la mujer quien lo necesita sin que con esto haya llegado a conseguir hasta hoy otra cosa que apartar temporalmente a la mujer del marido pero sin remediar en nada sus condiciones económicas y sociales, por lo que sin duda el establecimiento del divorcio tendería, principalmente en nuestra clase media, a levantar a la mujer y a darle posibilidades de emanciparse de la condición de esclavitud que en la actualidad tiene.[32]

Vamos a remontarnos a los tiempos del presidente para preguntarnos, ¿de qué forma el divorcio ayuda al sostenimiento económico independiente de la mujer? es cierto, en ese tiempo la mujer dependía económicamente del marido, si la mujer logra divorciarse, ¿cómo se sostendría?

---

[31] *Idem.*
[32] *Idem.*

Probablemente la idea que Carranza tenía es que el marido pague alimentos a la mujer, pero entonces seguiría existiendo un vínculo entre el marido y la mujer, la mujer seguiría dependiendo del ahora exmarido.

"Que, por otra parte, la Institución del divorcio no encontraría obstáculo serio en las clases elevadas y cultas supuesto que las enseñanzas de otros países en donde se encuentra establecido las tiene acostumbradas a mirar el divorcio que disuelve el vínculo como perfectamente natural."[33]

Ahora, Carranza menciona que el divorcio es algo natural, comparado con el Matrimonio (al que ya hemos justificado como institución verdaderamente natural), ¿de qué forma ayuda el divorcio a cumplir los fines del matrimonio? ¿Cómo se justifica al divorcio como institución natural? Sumamos a esto, el hecho que, en tiempos de Carranza, como en los nuestros, se llama al divorcio "un mal necesario." Incluso, vamos a ver como Carranza expresa en su último argumento, que el divorcio debe ser la excepción y no es algo normal (si según él, es algo natural ¿Por qué es una excepción?).

> Que la experiencia de países tan cultos como Inglaterra, Francia y Estados Unidos han demostrado ya hasta la evidencia que el divorcio que disuelve el vínculo es un poderoso factor de moralidad, porque facilitando la formación de nuevas uniones legítimas, evita la multiplicidad de los concubinatos y por lo tanto el pernicioso influjo que necesariamente ejercen en las costumbres públicas. Da mayor estabilidad a los afectos y relaciones conyugales. Asegura la felicidad del mayor número de familias y no tiene el inconveniente grave de obligar a los que por error o ligereza fueron al matrimonio a pagar su falta con la esclavitud de toda su vida. Que, si bien la aceptación del divorcio que disuelve el vínculo es el medio directo de corregir una verdadera necesidad social, debe tenerse en cuenta que solo se trata de un caso de excepción y no de un estado que sea la condición general de los hombres en la sociedad. Por lo cual es preciso reducirlo solo a los casos en que la mala condición de los consortes es ya irreparable en otra forma que no sea su absoluta separación.[34]

---

[33] *Ídem.*
[34] *Ídem.*

¿Cómo asegura la felicidad de una familia si permite que el matrimonio (la raíz ideal de la familia) se disuelva sin cumplir sus fines? Luego, habla de una esclavitud, si los cónyuges no pueden permanecer juntos (por ejemplo, por violencia) se puede resolver con la separación, pero la cooperación mutua debe persistir.

Hay que hacer notar de nuevo cómo Carranza dice que el divorcio no es la condición general, se entiende por esto, que no es algo natural, y se contradice con su argumento anterior a este, seguro es, porque a pesar de todo reconoce la importancia del matrimonio en el Estado, pero por el afán de separarlo todo de la Iglesia, quiere restarle importancia.

Anteriormente se expuso que el divorcio no es un derecho, sino una tolerancia, en su último argumento, Carranza pone en evidencia que pensaba igual. No sería correcto llamarlo divorcista, pues al mismo tiempo es antidivorcista (al ver al divorcio como algo excepcional y anormal, más tarde poniendo restricciones, si el divorcio es algo normal y natural, ¿por qué no dejar que todos se divorcien sin razón alguna?). Ya se ha hecho notar cómo la exposición de motivos de Carranza no carece de contradicciones y afirmaciones que la historia se ha encargado de desmentir.

En su artículo 13 menciona que el matrimonio "es un contrato civil entre un solo hombre y una sola mujer, que se unen con vínculo disoluble para perpetuar su especie y ayudarse a llevar el peso de la vida."

El matrimonio vuelve a ser un contrato civil, en opinión de Carranza es por primera vez un contrato desligado de las ideas religiosas de indisolubilidad y entonces se convierte en una unión soluble.

Aún conserva los fines del matrimonio, la procreación y la ayuda mutua y los protege en su artículo 16, "cualquier condición contraria a los fines esenciales del matrimonio, se tendrá por no puesta."

En 1928 se expide un nuevo Código Civil. En él no hay una definición expresa del matrimonio, pero de su articulado podríamos formar una. El matrimonio es un contrato civil (arts. 178 y 267) cuyo fin es la perpetuación de la especie y la ayuda mutua (art. 147 y 162), estos fines son naturales (art. 182).

En él se introduce el concubinato, el cual ya existía, pero no era reconocido. Es la unión de varón y mujer, que hacen vida marital, durante 5 años o menos si tienen hijos, y siempre que ninguno estuviera casado. La única diferencia con el matrimonio es que el segundo es la forma legal y moral de constituir a la familia.

El régimen liberal sólo aportó la idea del contrato civil y de la exclusiva competencia legislativa, pero respetó las costumbres vigentes, con las cuales el régimen revolucionario acabó al admitir el divorcio vincular (difuminando y relativizando así, el concepto de matrimonio) y el concubinato (atacando la utilidad del matrimonio para el estado: la forma de constituir la familia).

Lo rescatable es que mantiene los fines del matrimonio: procreación y complementariedad mutua.

4.5 Régimen posmoderno (1974 -). El 27 de diciembre de 1974, durante el mandato de Luis Echeverría se reformó el artículo 4to de la Constitución Política de México -anticipándose al Año Internacional de la Mujer proclamado por la ONU- adicionando que: "El varón y la mujer son iguales ante la ley. Ésta protegerá la organización y el desarrollo de la familia. Toda persona tiene derecho a decidir de manera libre, responsable e informada sobre el número y esparcimiento de sus hijos."

Con esto acaba con la idea de que el matrimonio es la única forma de fundar una familia, pues toda "persona" tiene derecho a decidir sobre la procreación, ya no los "cónyuges."

También termina con el fin más importante del matrimonio y el que justifica el interés del Estado por regular este tipo de relaciones. Si, según el artículo 162 reformado del Código Civil, los cónyuges pueden decidir no tener hijos, la procreación deja de tener sentido en el matrimonio.

"Cuando se admite que los cónyuges deciden libremente acerca del número y esparcimiento de los hijos parece admitirse que pueden decidir no tener hijos, máxime cuando no existe en el Código de 1928, a diferencia de la legislación anterior, una disposición que señala que la procreación es un fin esencial del matrimonio."[35]

La adición al artículo 4to constitucional implicó que, al ser iguales hombre y mujer, las obligaciones matrimoniales perdían sujeto, es decir, no importa quien cuida a los hijos y quien sostiene económicamente el hogar, los cónyuges pueden acordarlo.

Sin embargo, al decir que la ley tiene el deber de proteger el desarrollo de la familia, acepta que es una institución de orden público, a la cual el Estado debe proteger.

En 1992 se elimina del artículo 130 la frase "el matrimonio es un contrato civil" permitiendo que en cada entidad federativa se legislara sobre el tema, pudiendo subsistir así diferentes concepciones y regímenes jurídicos.

Se hicieron más cambios en el derecho de familia y específicos del matrimonio, pero ninguno que hiciera alteraciones en el concepto de matrimonio hasta la expedición del nuevo Código Civil del Distrito Federal en el año 2000. El contenido en materia matrimonial es –en opinión de Jorge Adame Goddard- una consecuencia o desarrollo de haber excluido la procreación como fin del matrimonio.

El concepto, contenido en su artículo 146, es nuclearmente diferente a todo lo que hemos estudiado hasta ahora:

"Matrimonio es la unión libre de un hombre y una mujer para realizar la comunidad de vida, en donde ambos se procuran respeto, igualdad y ayuda mutua con la posibilidad de procrear hijos de manera libre, responsable e informada. Debe celebrarse ante el Juez del Registro Civil y con las formalidades que esta ley exige."

---

[35] *Ibídem* p. 84.

Mantiene el consentimiento libre de los contrayentes (unión libre) mas no invita a la informalidad (debe celebrarse ante el Juez...) y cuida la heterogeneidad sexual (un hombre y una mujer).

Es interesante ver en este concepto la culminación del proceso destructor de la procreación como fin. Entendido así, el matrimonio tiene como fin "la comunidad de vida, en donde ambos se procuran respeto, igualdad y ayuda mutua", siendo la procreación una "posibilidad" mas no un fin esencial.

El matrimonio se convierte en la "unión voluntaria y formal entre un varón y mujer para vivir en el mismo domicilio y ayudarse económicamente, con o sin procreación, con o sin unión carnal."[36]

El 29 de diciembre de 2009 se reforma el Código Civil del Distrito Federal modificando el concepto de matrimonio y con ello permitiendo el matrimonio de personas del mismo sexo y estableciendo que "la procreación ya no es un fin ni siquiera secundario de esta institución."[37]

Estos mismos argumentos fueron reiterados varias veces por la Suprema Corte De Justicia De La Nación en diversas tesis, hasta que finalmente, en junio del 2015 se emitió la jurisprudencia 43/2015, cuya voz dice "MATRIMONIO. LA LEY DE CUALQUIER ENTIDAD FEDERATIVA QUE, POR UN LADO, CONSIDERE QUE LA FINALIDAD DE AQUÉL ES LA PROCREACIÓN Y/O QUE LO DEFINA COMO EL QUE SE CELEBRA ENTRE UN HOMBRE Y UNA MUJER, ES INCONSTITUCIONAL." (Su contenido se analizará más adelante, limitándonos en este capítulo a mencionar el hecho histórico).

---

[36] *Ibídem*, p. 106.
[37] DE LA MATA PIZAÑA, *op. cit.* p. 120.

CAPITULO II. ESTUDIOS SOBRE EL MATRIMONIO Y LA FAMILIA

Este apartado presenta estudios hechos en Estados Unidos y Europa. Las investigaciones sobre las consecuencias del abandono del matrimonio en México no son tan avanzadas, pues la cultura del matrimonio en México -comparada con la estadounidense- es fuerte, pero podemos tener una visión del futuro estudiando la experiencia de otros Estados que han decidido cambiar el concepto de matrimonio.

Con esto, se pretende hacer notar que la desestabilización del matrimonio significa una pérdida para toda la sociedad, especialmente para los niños. Vamos a ver cómo situaciones de pobreza, delincuencia, depresión y suicidio son agravados por la pobre cultura de matrimonio.

Adelantamos una conclusión de un estudio hecho en 2002: "Las investigaciones demuestran claramente que los niños dan importancia a la estructura familiar, y la estructura familiar que más ayuda a los niños es una familia encabezada por dos padres biológicos que comparten un matrimonio poco conflictivo."[38]

En lo económico se estudiará cómo la prosperidad aumenta y disminuye según la calidad de la familia. También que el matrimonio mantiene un crecimiento económico a largo plazo y la posibilidad de un estado de bienestar, la cantidad y calidad de trabajadores y la productividad de los sectores de la economía.

Así, no se podría negar que el matrimonio importa. Y que las empresas, gobiernos y la sociedad civil serían beneficiados si se cuida del matrimonio, inicio de la familia, en parte porque la riqueza de las naciones y el comportamiento de los sectores de la economía dependen de ello.

---

[38] Cfr. ANDERSON, Kristin, et al., *"Marriage from a Child's Perspective: How does family structure affect children, and what can be done about it? Research brief"* Child Trends, USA, 2002. Visto en: BRADFORD, W, et al., *El matrimonio importa: 26 conclusiones de las Ciencias Sociales*, Social Trends Institute, U.S.A., 2006 p. 6.

2.1. Estudio sociológico.

Las cifras sobre el matrimonio en Estados Unidos arrojan los siguientes resultados: En el 2006, el 34% de los niños nacen fuera del matrimonio, mientras que en 1960 era el 5%. El 56% de los adultos se encuentran casados en el 2006, mientras que, en 1970, era más del 67%[39].

Siendo un país multicultural, cabe decir que los niños que nacen fuera del matrimonio son, el 68% de los afroamericanos, el 44% de los latinos (en Estados Unidos) y solo el 29% de comunidades blancas[40].

El análisis de un estudio presentado en 2010 ha puesto en evidencia el importante número de nacimientos fuera del matrimonio en América latina, y la tendencia creciente de dicho fenómeno desde la década de los 70. De acuerdo con los datos de los últimos censos en 10 países latinoamericanos, los nacimientos en el seno de una unión libre han pasado de representar un 18% a un 37% del total y los nacimientos de madres solas de un 8% a un 15%.[41]

El caso de México es el siguiente: En el 2010 los adultos casados eran el 40%[42] mientras que en 1970 eran el 63% de los hombres y 58% de mujeres.[43] Sobre los hijos nacidos dentro del matrimonio tenemos que en 1970 era el 81.3% de los hijos y en el 2000, el porcentaje disminuyo a 66.1%[44]. Y otros estudios indican que en 2010, el número se redujo a 55%[45].

---

[39] *Cfr.* BRADFORD, Wilcox, "*El matrimonio importa: 26 conclusiones de las ciencias sociales*", 2006. http://socialtrendsinstitute.org/upload/publications/family/el-matrimonio-importa/Elmatrimonioimporta.pdf
Visto el 24/03/2016, p. 15
[40] *Idem.*
[41] *Cfr.* CASTRO, Teresa, "La fecundidad no matrimonial en América Latina: indicadores y análisis comparativos a partir de datos censales". http://www.fcs.edu.uy/archivos/Mesa_46_Castro%20Mart%C3%ADn%20et%20al.pdf p.25. Visto el: 09/02/2014.
[42] *Cfr.* INEGI, Censo de población y vivienda 2010.
[43] *Cfr.* ALBA-HERNANDEZ, Francisco, *La Población de México*, 1974. http://www.cicred.org/Eng/Publications/pdf/c-c36.pdf. Visto el: 09/02/2014.
[44] *Cfr.* CASTRO, Teresa, *Op. Cit.* pp. 10 y 11.
[45] *Cfr. World family map*, USA, 2015 Visto el 25/03/16 en: http://worldfamilymap.ifstudies.org/2015/wp-content/uploads/2016/03/WorldFamilyMap-2015-Spanish-ForWeb.pdf. p. 20.

Los hijos que viven con sus dos padres en México eran el 76% en 2010, quienes vivían con uno sólo el 19 y quienes no vivían con ellos era el 5%[46].

Vemos que, aunque los porcentajes son diferentes entre México y Estados Unidos, la tendencia es la misma, los matrimonios disminuyen y los hijos cada vez tienen más posibilidades de nacer fuera del seno de una familia fuerte.

Como consecuencias de todo esto, un equipo de académicos especializados en temas familiares de diversas universidades estadounidenses presenta 26 conclusiones de las ciencias sociales sobre el matrimonio, de las cuales presentamos las conclusiones más relevantes para el trabajo de investigación y que vale la pena estudiar como un posible futuro en México.

1) El matrimonio facilita las relaciones de los dos padres con sus hijos. Las madres divorciadas son quienes tienen más problemas con sus hijos, y al llegar a la edad adulta, los hijos de padres casados se llevan mejor con ellos que los de parejas divorciadas. Concretamente, de los hijos de parejas divorciadas llegados a la edad adulta, el 30% admitieron llevar una mala relación con su madre, contra el 16% de hijos de parejas casadas.[47]

La relación de los hijos con el padre depende aún más de la unión con la madre, el 65% de los hijos de parejas divorciados se llevan mal con el padre contra el 29% de hijos de parejas casadas.[48] En general, una vez divorciados, los hijos suelen ver menos al padre y como consecuencia, no tiene una buena relación.

---

[46] Cfr. World family map, USA, 2015. Visto el 25/03/16, p. 13.
[47] Cfr. Nicholas Zill et al., 1993. "Long-Term Effects of Parental Divorce on Parent-Child Relationships, Adjustment, and Achievement in Young Adulthood," Journal of Family Psychology 7(1): 91-103. Visto en BRADFORD, Wilcox, Op. Cit. p. 19.
[48] Cfr. Nicholas Zill et al., 1993. "Long-Term Effects of Parental Divorce on Parent-Child Relationships, Adjustment, and Achievement in Young Adulthood," Journal of Family Psychology 7(1): 91-103; E. Mavis Hetherington, en un estudio de niños que provenían mayoritariamente de familias blancas y de clase media, informa que dos tercios de los hombres jóvenes y tres cuartos de las mujeres jóvenes cuyos padres se habían divorciado no tenían relaciones cercanas ni con el padre, ni con un padrastro. E. Mavis Hetherington y John Kelly, 2002. For Better or For Worse: Divorce Reconsidered (New York: W.W. Norton & Co.). Visto en Idem.

2) <u>La Cohabitación no es lo mismo que el matrimonio</u>.[49] Las personas que deciden no casarse y vivir en unión libre, independientemente de las razones que los lleven a ello (como un antecedente, prueba o alternativa al matrimonio), se parecen más a dos solteros que a dos esposos en cuanto a salud física, bienestar emocional y psicológico y economía.

Más preocupante son los efectos de la cohabitación en los hijos. Los adolescentes que viven en una situación así tienen más tendencia a experimentar dificultades emocionales, independientemente de los factores socioeconómicos y educativos. El 50% de estos niños ven acabar la relación de sus padres antes de los 5 años contra el 15% de los niños de padres casados.

El problema podría ser el compromiso. Las parejas que cohabitan, en el fondo lo hacen por falta de él, tanto con la esposa o esposo y como consecuencia, con sus hijos. Prueba de ello es que los padres en cohabitación suelen aportar menos recursos económicos a la familia y lo gastan más en alcohol y tabaco.

Por eso mismo, tienen mayor nivel de conflicto y violencia y menos de satisfacción y compromiso.

Este tipo de uniones presenta un gran conflicto: que las expectativas sobre la relación pueden diferir, que uno piense cohabitar como preparación del matrimonio y el otro lo haga como alternativa a él. Eso no pasa en el matrimonio, donde ambos tienen el mismo fin y objetivo.

3) <u>Los hijos nacidos fuera del matrimonio o de padres divorciados tienden a divorciarse o ser padres solteros</u>[50]. Esto es porque estos niños se casan más precozmente y suelen hacerlo con hijos de padres divorciados, creando una situación aún más grave. El divorcio de los padres aumenta el 50% las probabilidades de que los hijos terminen divorciados.

Es aún más grave con las niñas, quienes tienen tres veces más que las hijas de parejas casadas a convertirse en madres solteras.

---

[49] *Cfr. Ibídem.* p. 20.
[50] *Cfr. Ibídem*, p. 21.

Un segundo matrimonio no soluciona las cosas. Es en estos casos donde las niñas tienen más riesgo de quedarse embarazadas en la adolescencia y los niños de casarse en esa misma etapa, probablemente por embarazos precoces.

4) <u>La correcta concepción del matrimonio de parte de la pareja mejora sus relaciones entre ellos y con sus hijos</u>. Se escucha mucho que es el amor lo que une a la familia y que en contrario, la idea del compromiso matrimonial ahoga ese amor. En este caso, es el amor lo que la familia necesita.

El matrimonio ofrece un apoyo legal a una relación y formaliza el compromiso de la pareja, el caso contrario es la cohabitación que ya vimos los efectos que trae consigo. Este apoyo es el que permite que una pareja permanezca unida a pesar de dificultades, aunque sea por más tiempo, por ello, como vimos en el tema de la cohabitación, los hijos de parejas casadas no tienden a ver a sus padres separarse o vivir en un clima de conflicto.

La pareja de novios que tienen una mejor relación son las que tienden a casarse y como fruto de esa relación de calidad alta, logran crear mejores vínculos con sus hijos, quienes crecen en un ambiente de cariño e intimidad.

Los individuos comprometidos con la idea del matrimonio y que en consecuencia se oponen al divorcio, se dedican más a su cónyuge,[51] se sacrifican más por él o ella[52] y suelen elogiar y cuidar más de los hijos.[53]

5) <u>El matrimonio tiene importantes consecuencias biológicas para niños y adultos</u>. En las ciencias sociales, a la conexión entre las relaciones de las personas y el funcionamiento de sus organismos se le llama "área biosocial." Estudios de la última década demuestran dos beneficios del matrimonio en esta área.

---

[51] *Cfr.* Paul Amato y Stacy Rogers. 1999. "Do Attitudes Toward Divorce Affect Marital Quality?" Journal of Family Issues 20: 69-86. Visto en *Ibídem. p. 23.*
[52] *Cfr.* Scott M. Stanley, 2002. "What is it With Men and Commitment, Anyway?" Trabajo presentado en la Sexta Conferencia Anual Sobre Matrimonios Inteligentes. (Washington, DC). Sarah W. Whitton, Scott M. Stanley, y Howard J. Markman, 2002. "Sacrifice in Romantic Relationships: An Exploration of Relevant Research and Theory." En H.T. Reiss, M.A. Fitzpatrick, A.L. Vangelisti (eds.), Stability and Change in Relationship Behavior across the Lifespan (Cambridge: Cambridge University Press): 156-181. Visto en *Idem*.
[53] *Cfr.* W. Bradford Wilcox y Steven L. Nock. 2005. "What's Love Got to Do With It? Equality, Equity, and Commitment in Women's Marital Quality." Social Forces, forthcoming. Visto en *Ibídem*. p. 24.

Primero, el matrimonio reduce el nivel de testosterona en el hombre, esto concluye de estudios comparados en hombres casados o en cohabitación (resultados similares) con hombres divorciados o solteros.[54] La testosterona está relacionada con la agresividad, los deseos de destacar y otros comportamientos antisociales.

Segundo, crecer en una familia sólida con padres casados favorece el desarrollo sexual de las niñas, las adolescentes que crecen en un ambiente difícil tienden a tener su primera menstruación antes que las demás, adelantar su actividad sexual y tener un embarazo.[55] Esto se relaciona con lo que veíamos antes sobre las niñas que viven con padres en cohabitación o segundas nupcias.

Esto se debe, piensa el psicólogo Bruce Ellis, a las feromonas (elementos quimico-biologicos emitidos hacia los demás asociados con el desarrollo sexual), las cuales, si son del padre, tienden a inhibir el desarrollo sexual precoz, y las de un padre no biológico las acelera.[56]

Por lo tanto, es importante que los hijos pasen tiempo con su familia. En México, el porcentaje de hijos de 15 años que afirmaron pasar tiempo y platicar con sus padres fue de tan solo el 44%[57].

6) <u>Los niños que viven con ambos padres gozan de mejor salud física y mayor esperanza de vida</u>. Esta afirmación es independiente del nivel socioeconómico de la familia. En Suecia, con elevada renta *per cápita* y un fuerte sistema de seguridad social, los niños crecidos fuera del matrimonio tienen un 50% más de probabilidades de morir por suicidio, accidentes o sobredosis que los hijos crecidos dentro del matrimonio.

Los hijos nacidos fuera del matrimonio tienen un riesgo de mortalidad 50% mayor que el de los nacidos dentro,[58] esto porque la madre suele ser joven y con un nivel

---

[54] *Cfr. Idem.*
[55] *Cfr.* Bruce J. Ellis, 2004. "Timing of Pubertal Maturation in Girls: An Integrated Life History Approach." Psychology Bulletin 130: 920-958; Bruce J. Ellis, John E. Bates, Kenneth A. Dodge, David M. Fergusson, L. John Horwood, Gregory S. Pettit, y Lianne Woodward, 2003. "Does Father Absence Place Daughters at Special Risk for Early Sexual Activity and Teenage Pregnancy." Child Development 74: 801-821. Visto en *Ibídem*. p. 25
[56] *Cfr. Idem.*
[57] *Cfr. World family map*, USA, 2015. Visto el 25/03/16 p. 40.
[58] *Cfr.* Posibilidades relativas de 1.44 a 1.7. J.A. Gaudino, Jr., et al., 1999. "No Fathers' Names: A Risk Factor for Infant Mortality in the State of Georgia," Social Science and Medicine 48(2): 253-65; C.D. Siegel et al., 1996. "Mortality from Intentional and Unintentional Injury Among Infants of Young Mothers

socioeconómico bajo. Tienen menos posibilidad de dar atención prenatal precoz, cosa que se extiende a toda la infancia y los primeros años de la juventud. Los niños tienen un nivel más alto de accidentes mortales. Esto sucede incluso en países con un alto nivel socioeconómico.[59]

Estudios han demostrado que el divorcio de los padres reduce la expectativa de longevidad de los hijos en edad adulta en 4 años y tienen 3 veces más de probabilidades de sufrir una muerte prematura.[60]

7) Las personas casadas tienen mayor esperanza de vida. En los países desarrollados, esto afecta aún más a los hombres, quienes tienen el doble de posibilidades de morir antes que los casados. En las mujeres, el riesgo es de 37.5%.[61]

Quienes están casados llevan mejor una enfermedad, su salud es vigilada por la pareja y adoptan estilos de vida más sanos. La encuesta americana sobre la salud y la jubilación comparaba la salud de los diferentes estados civiles y concluyó que ellos tienen un nivel más bajo de mortalidad.[62]

8) Los hijos de padres divorciados sufren más ansiedad psicológica y enfermedades psíquicas. El divorcio provoca que los hijos sufran ansiedad emocional y depresión por sus bajos logros académicos, dificultades económicas y problemas matrimoniales.[63]

---

in Colorado, 1982 to 1992," Archives of Pediatric and Adolescent Medicine 150(10) (October): 1077-83; Trude Bennett y Paula Braveman, 1994. "Maternal Marital Status as a Risk Factor for Infant Mortality," Family Planning Perspectives 26(6): 252-256. Visto en Ibídem p. 30.

[59] Cfr. En Suecia: A. Armtzen et al., 1996. "Marital Status as a Risk Factor for Fetal and Infant Mortality," Scandinavian Journal of Social Medicine 24(1); 36-42; En Inglaterra: J. Schuman, 1998. "Childhood, Infant and Peirnatal Mortality, 1996. "Social and Biological Factors in Deaths of Children Aged Under 3," Population Trends 92: 5-14; In Finland: E. Frossas et al., 1999. "Maternal Predictors of Perinatal Mortality: The Role of Birthweight," International Journal of Epidemiology 28(3): 475-478. Visto en Ibídem. p. 31.

[60] Cfr. Ibídem. p.30.

[61] Cfr. Yuanreng Hu y Noreen Goldman, 1990. "Mortality Differentials by Marital Status: An International Comparison," Demography 27(2): 233-50. Visto en Ibídem. p. 31.

[62] Cfr. Amy Mehraban Pienta et al., 2000. "Health Consequences of Marriage for the Retirement Years," Journal of Family Issues 21(5): 559-586. Visto en Ibídem. p. 32.

[63] Cfr. Catherine E. Ross y John Mirowsky, 1999. "Parental Divorce, Life-Course Disruption, and Adult Depression," Journal of Marriage and the Family 61(4) (November): 1034ff; Andrew J. Cherlin et al., 1998. "Effects of Parental Divorce on Mental Health Throughout the Life Course," American Sociological Review 63: 239-249; P.L Chase-Lansdale et al., 1995. "The Long-Term Effects of Parental Divorce on the Mental Health of Young Adults: A Developmental Perspective," Child Development 66: 1614-1634. Visto en Ibídem p. 33.

Pareciera consolador un estudio que indica que los hijos de matrimonios problemáticos separados se benefician del divorcio, mientras que los hijos de matrimonios separados y que no tuvieron problemas graves son los que sufren, pero hay que tener en cuenta que la mayoría de los divorcios tienen un nivel relativamente bajo de conflicto.[64]

9) El divorcio parece incrementar el riesgo de suicidio[65]. Casi como consecuencia del punto pasado, la separación del matrimonio incrementa el riesgo de suicidio, tanto en adultos como en adolescentes.

Los adultos divorciados tienen dos veces más riesgo que los casados. Específicamente, el riesgo de suicidio en las mujeres adultas es bajo, pero se incrementa cuando estas se encuentran divorciadas comparado con el riesgo de las mujeres casadas.

En el número de adolescentes, la variable más importante es el de unos padres divorciados, lo cual explica que se haya incrementado dos tercios el suicidio en jóvenes en los últimos 50 años.

10) Las madres en cohabitación, divorciadas o solteras sufren más depresiones. No solo afecta a los hijos, sino también a los padres, sobre todo a las madres, lo cual es más preocupante, ya explicaremos por qué.

Quienes se encuentran fuera del matrimonio tienden a estar deprimidas por falta de confianza en la perdurabilidad de su relación, es decir, no ven el compromiso del que se habló en el punto 2). Esto es más visible en madres solteras, quienes llevan a sus hijos a solas.

Incluso el matrimonio protege a madres adolescentes. En un estudio de madres estadounidenses entre 18 y 19 años reveló que el 41% de las madres solteras tienen un nivel alto de síntomas de depresión contra el 28% de las madres casadas a la misma edad.[66]

---

[64] *Cfr.* Paul R. Amato y Alan Booth, 2001. "Parental Predivorce Relations and Offspring Postdivorce Well-Being," Journal of Marriage and the Family 63(1): 197ff. Visto en *Ibídem*. p. 34.
[65] *Cfr.* Ronald C. Kessler et al., 1999. "Prevalence of and Risk Factors for Lifetime Suicide Attempts in the National Comorbidity Survey," Archives of General Psychiatry 56: 617-626. Visto en *Idem*.
[66] *Cfr.* Sin embargo, el matrimonio no parece haber podido protegido las madres adolescentes ni las madres afroamericanas de entre 18 y 19 años de la depresión. Lisa Deal y Victoria Holt, 1998. "Young

Como decíamos al principio del punto, es preocupante porque el 25% de los hogares en el país son llevados por la madre,[67] si ella se encuentra deprimida representa un riesgo para los hijos.

11) <u>Los hijos varones criados solo por el padre o la madre tienen más tendencia a cometer delitos</u>. Estudios revelaron que quienes crecen en un hogar así tienen dos veces las tendencias a ingresar a la cárcel antes de los 35 años, cifra que aumenta dos veces si son criados en una segunda familia (padre o madre vueltos a casar).[68]

Esto se debe a que los hijos hacen menos caso a las opiniones de los padres y más a sus amigos, además de que los padres vigilan menos a los hijos[69]. Además, si el hogar es dirigido por alguien ajeno a la familia (el segundo esposo de la madre, por ejemplo), este suele ser más abusivo que un padre casado y buscara competir con el adolescente por la atención de la madre.[70]

12) <u>El matrimonio reduce el riesgo de que un adulto se vuelva agente o víctima de crimen</u>. Según el Departamento de Justicia de los Estados Unidos, en el 2012, de cada 1,000 mujeres que fueron víctimas de delitos, 13.5 son casadas, 8.3 viudas, 40.7 son solteras y 83.1 divorciadas.[71] En el 2012, de cada 1,000 mujeres que sufrieron agresiones sexuales, 0.6 son casadas, 0.8 viudas, 4.1 son solteras y 4.4 divorciadas.[72]

Maternal Age and Depressive Symptoms: Results from the 1988 National Maternal and Infant Health Survey," American Journal of Public Health 88(2): 266ff. Visto en *Ibídem*. P. 35.
[67] *Cfr*. INEGI, *Censo de población y vivienda 2010*.
[68] *Cfr*. Chris Coughlin y Samuel Vuchinich, 1996. "Family Experience in Preadolescence and the Development of Male Delinquency," Journal of Marriage and the Family 58(2): 491ff; R. J. Sampson y J.H. Laub, 1994. "Urban Poverty and the Family Context of Delinquency: A New Look at Structure and Process in a Classic Study," Child Development 65: 523-540; Robert J. Sampson, 1987. "Urban Black Violence: The Effect of Male Joblessness and Family Disruption," American Journal of Sociology 93: 348-82. Visto en BRADFORD, Wilcox, *Op. Cit.* p. 35.
[69] *Cfr*. Ross L. Matsueda y Karen Heimer, 1987. "Race, Family Structure and Delinquency: A Test of Differential Association and Social Control Theories," American Sociological Review 52: 171-181. Visto en *Idem*.
[70] *Cfr*. David Finkelhor et al., 1997. "Sexually Abused Children in a National Survey of Parents: Methodological Issues." Child Abuse and Neglect 21:1-9; A. Radhakrishna, I.E. Bou-Saada, W. M. Hunter, D.J. Catellier, D.J., y J.B. Kotch, 2001. "Are Father Surrogates a Risk Factor for Child Maltreatment?" Child Maltreatment 6: 281-289. Visto en *Ibídem*. p. 36.
[71] *Cfr*. US Department of Justice, *Criminal Victimization, 2012*, Tabla 7. http://www.bjs.gov/content/pub/pdf/cv12.pdf. Visto el: 09/02/13.
[72] *Cfr*. US Department of Justice, *Female Victims of Sexual Violence, 1994-2010*, Table 1. http://www.bjs.gov/content/pub/pdf/fvsv9410.pdf. Visto el: 09/02/13.

Los hombres reducen su criminalidad al llegar al matrimonio. Estudios sobre 500 delincuentes juveniles revelaron que su criminalidad disminuyo un 66% comparados con los que no se casaron.[73]

Según Robert Sampson, "la estructura familiar es uno de los indicadores más significativos, si no el más significativo, de las variaciones de violencia urbana en las ciudades estadounidenses."[74]

Esto se puede explicar si tomamos en cuenta que los hombres casados tienden a pasar más tiempo con su familia y menos con sus amistades, lo que reduce la criminalidad, la cual es aumentada por estos últimos.

13) <u>Las mujeres casadas sufren menos de violencia doméstica que las solteras con pareja</u>[75]. El vivir con un hombre fuera del matrimonio es convivir con un elevado riesgo de abuso y quienes cohabitan tienen reconocen 3 veces más que las casadas que las discusiones han derivado en agresiones físicas (13% contra 4%).

Además, la integración de los hombres casados en las comunidades y su dedicación a su cónyuge es un factor relevante de reducción de violencia doméstica. Ellos responden mejor a las políticas de reducción de la violencia doméstica.

14) <u>Los niños que no viven con sus dos padres biológicos tienen más riesgo de sufrir malos tratos</u>[76]. Diversos estudios han demostrado que los niños que viven solo con sus madres tienen un nivel más alto de mortalidad por lesiones deliberadas, tienen más riesgo de sufrir abuso sexual (4% contra el 7% de niños que viven con sus padres).

Otra investigación reveló que la pareja sentimental de la madre o el padre es el responsable del abuso sexual en la mitad de los casos. El director de este estudio afirma que "un niño al que se deja solo con el novio de la madre experimenta un riesgo elevado de sufrir malos tratos."

---

[73]. *Cfr.* John H. Laub et al., 1998. "Trajectories of Change in Criminal Offending: Good Marriages and the Desistance Process," American Sociological Review 63: 225-238. Visto en BRADFORD, Wilcox, *Op. Cit.* p. 36.
[74] *Cfr.* Robert J. Sampson, 1995. "Unemployment and Imbalanced Sex Ratios: Race-Specific Consequences for
Family Structure and Crime." p. 249. Visto en *Idem.*
[75] *Cfr. Idem.*
[76] *Cfr. Ibídem.* p. 39.

Sobre el vivir con padrastros, podemos concluir que "vivir con un padrastro ha resultado ser el indicador más significativo de abuso infantil." Los niños pequeños tienen el 50% más de probabilidades de morir asesinados por ellos que los que viven con sus padres biológicos, y el 40% más de sufrir abuso sexual que los que viven con un solo padre o los padres biológicos.

2.2. Estudio económico.

A continuación, afirmaremos que la prosperidad de la economía moderna aumenta y disminuye con la familia. Se analiza el papel del matrimonio en el crecimiento económico, la posibilidad de que el Estado cuente con bienestar, cantidad y calidad de mano de obra y de los grandes sectores de la economía moderna. Un estudio, concluye que:

1) <u>El divorcio y los hijos fuera del matrimonio incrementan el riesgo de pobreza tanto para los hijos como para sus madres</u>. El cambio en la estructura familiar es un generador de pobreza, sobre todo por el declive de ingresos de la cabeza del hogar, esto hace más vulnerable la situación económica de la familia.[77]

La mayoría de los niños criados en hogares monoparentales experimentan al menos un año de pobreza extrema.[78] Entre el 20% y 33% de mujeres sufrirán pobreza después del divorcio.[79]

---

[77] *Cfr*. Sara McLanahan, 2000. "Family, State, and Child Well-Being," Annual Review of Sociology 26(1): 703ff; I. Sawhill, 1999. "Families at Risk," in H. H. Aaron y R.D. Reischauer (eds.) Setting National Priorities (Washington, D.C.: Brookings): 97-135. Visto en BRADFORD, Wilcox, *Op. Cit.* p. 25.
[78] Por ejemplo, un estudio reciente encontró que el 81 por ciento de niños que vivían en hogares sin matrimonio experimentarían pobreza durante su infancia, comparado con el 22 por ciento de niños que viven con dos padres casados. El 52 por ciento de niños cuyos padres no están casados sufrirán pobreza profunda (50% menos de ingresos que el límite de pobreza) comparado con sólo el 10 por ciento de niños en hogares con padres casados. Nota [28] en *Ibídem* p. 26.
[79] *Cfr*. Suzanne Bianchi, 1999. "The Gender Gap in the Economic Well Being of Nonresident Fathers and Custodial Mothers," Demography 36: 195-203; Mary Naifeh, 1998. Trap Door? Revolving Door? Or Both? (U.S. Bureau of the Census, Current Population Reports: Household Economic Studies) (July): 70ff.; Ross Finie, 1993. "Women, Men and the Economic Consequences of Divorce: Evidence from Canadian Longitudinal Data," Canadian Review of Sociology and Anthropology 30(2): 205ff. Visto en *Ibídem* p. 25.

2) **Las parejas casadas son más solventes**[80]. El matrimonio crea riqueza, quienes se encuentran casados tienen mayores ingresos que quienes no lo están o se encuentran solteros. No solo sucede esto por la suma de dos sueldos, lo que la sociedad espera de un matrimonio promueve un comportamiento sano respecto a la economía, por ejemplo, comprar una casa.

Además, una pareja casada suele recibir mayor ayuda de los familiares que una madre soltera.

3) **El matrimonio ayuda a las mujeres económicamente menos privilegiadas**[81]. En un estudio de familias estadounidenses de bajos ingresos, se reveló que las mujeres casadas con hijos tenían menos dificultades materiales que las madres solteras y sin pareja.

Además, las madres sin formación académica casadas consiguen un nivel de vida un 65% más elevado que las solteras, 50% más que las madres que viven con otro adulto y 20% más que las que cohabitan.

Esto se debe a que, en un matrimonio, el sueldo se entrega al compromiso que los cónyuges han adquirido, reciben más ayuda de la familia extendida y de instituciones cívicas públicas y privadas.

4) **El matrimonio suele incrementar el poder adquisitivo de los hombres**[82]. En diversos países desarrollados, los estudios indican que los hombres casados ganan entre un 10% y 40% más que los solteros con perfiles profesionales y formación semejante. El matrimonio incrementa el poder adquisitivo un 24%.

Los hombres casados tienen una mayor dedicación a su trabajo y una rutina más sana y estable (descanso, dieta y consumo de alcohol). Un estudio indica que ellos tienen más facilidad para encontrar un nuevo trabajo y suelen renunciar al que ya tienen solo si aseguran uno mejor.

---

[80] *Cfr.* Joseph Lupton y James P. Smith, (forthcoming, 2002). "Marriage, Assets and Savings," in Shoshana Grossbard-Schectman (ed.) Marriage and the Economy (Cambridge: Cambridge University Press); Janet Wilmoth, 1998. "The Timing of Marital Events Over the Life-Course and Pre-Retirement Wealth Outcomes," (paper presented at meetings of the Population Association of America) (Chicago) (April); Lingxin Hao, 1996. "Family Structure, Private Transfers, and the Economic Well-Being of Families with Children," Social Forces 75: 269-22. Visto en *Ibídem* p. 26
[81] *Cfr. Idem.*
[82] *Cfr. Idem.*

5) El divorcio o el no llegar a casarse incrementa el riesgo de fracaso escolar en los hijos y reduce la probabilidad de los hijos de conseguir un título universitario y tener un trabajo de alto reconocimiento[83]. Esto se demuestra en las pruebas de nivel académico, en la que estos niños obtienen los peores resultados. Tienen tendencia a repetir al menos un curso y abandonar la enseñanza secundaria. Incluso, los hijos de mujeres viudas obtienen mejores resultados que los de padres divorciados.

Esto a largo plazo da bajos resultados en los logros socioeconómicos. Como adultos, suelen tener un menor estatus profesional y sueldos más bajos. Tienen menor tendencia a asistir a la universidad y titularse.

2.1 Crecimiento Económico y Crecimiento Demográfico. En la sociedad existen personas de todas las edades, aquellas que por edad o salud no pueden ser responsables de su sostenimiento económico dependen de otras.

En el caso de los menores de edad o incapaces, dependen, por lo general de sus padres. En cambio, quienes no pueden trabajar por la edad avanzada, suelen depender de los hijos.

Cuando faltan los padres o los hijos, es el Estado quien tiene que hacerse cargo de ellos. En resumen, el Estado depende de familias fuertes, o en caso contrario, tendría que hacerse cargo de un número elevado de huérfanos y ancianos abandonados.

La economía depende de que la mano de obra de una generación anciana sea suplida por una generación joven. ¿Qué sucedería si esta nueva generación es tan chica que no alcanza a sostener esa mano de obra? La respuesta la dan Nicholas Eberstadt y Hans Groth, "importantes crecimientos en los niveles de deuda pública y un crecimiento económico más lento."[84]

Existe un problema en este punto, pues el nivel de reemplazo en la tasa de fertilidad es de 2.1. En 1960, la tasa de fertilidad en Estados unidos era de 3.6, en Canadá 3.4 y en México de 6.7, sólo por citar casos de Norteamérica. En 1985, el índice descendió, en Estados Unidos al 1.8, en Canadá al 1.9 y en México al 3.9. Finalmente, en el 2010, en Estados Unidos descendió al 1.8 -del 2.1 que se registró

---

[83] *Cfr. Ibídem.* p. 29.
[84] BRADFORD, W, *El dividendo demográfico sostenible,* Social Trends Institute, U.S.A., 2012 p. 6.

en 2007-, en Canadá volvió al 1.9 después de un índice bajo registrado entre 1990 y 2004, finalmente en México bajó al 2.2[85].

Las empresas pueden obtener beneficios si la población crece. En general, mayor número de personas es igual a un mayor número de consumidores, lo que representa una mayor necesidad de mano de obra, la cual, casualmente, también surgirá del crecimiento poblacional.

No solo en general, una familia estable tiende a gastar más en el cuidado de los niños, alimentos, salud, mantenimiento de la casa, seguros, etc. Por eso empresas dedicadas a este ramo también tendrían que velar por el cuidado de la familia enraizada en el matrimonio.

Más gente significa que se deberá trabajar más en la innovación y la especialización profesional, lo cual mejoraría a la ciencia en general. Cuantas más mentes se dediquen a buscar la solución de cualquier problema, más rápido y más efectivamente se hallará.

A corto plazo, vemos que en países asiáticos ha comenzado un "milagro económico" debido al declive de la tasa de fecundidad (de 6 hijos por mujer hace 50 años, se redujo a 2) y al aumento del capital humano y financiero a la economía de mercado[86].

Pero eso a la larga pasará factura, pues el nivel de reemplazo en más de 75 países está por debajo de lo necesario para mantener, en el futuro, la mano de obra y el sostenimiento de personas de edad avanzada.[87]

Por ejemplo, en el 2050, China verá como su mano de obra disminuye un 20% y con ello su crecimiento económico. En cambio, India tendrá una demografía más favorable, su mano de obra crecerá y habrá suficientes jóvenes trabajando para poder

---

[85] Cfr. Banco Mundial, *Fertility rate, total*. Visto el 25/03/2016 en: http://data.worldbank.org/indicator/SP.DYN.TFRT.IN?
[86] Cfr. BRADFORD, W, *Op. Cit.* p. 6.
[87] Cfr. *Idem*.

cuidar de hijos menores de edad y padres sin posibilidad de trabajar, ahorrándole al Estado la necesidad de endeudarse para mantenerlos[88].

Según un estudio de la División de población del Departamento de Asuntos económicos y Sociales de la Secretaría de las Naciones Unidas, en otros países también ha disminuido la tasa de fecundidad por debajo del nivel necesario para que una generación reemplace a otra y así, evitar el envejecimiento de la población[89].

Según la ONU, la población está creciendo, pero lo que crece es el sector de los mayores de 60 años, debido a las mejores condiciones de salud, pero los menores de edad no crecen o lo hacen a un ritmo muchísimo más lento, lo que significa que en los próximos años, la población disminuirá, y no en un solo sector.[90]

El hecho de que la población se reproduzca no solo implica que la generación sea suplida, sino que, si se fomenta el matrimonio sólido, esa generación será educada con los valores y capital humano que se necesita para ser buenos ciudadanos, trabajadores y consumidores.

En la última década, la población en edad de trabajar (entre 15 y 64 años) creció un 40%. Lamentablemente, es imposible que siga así, pues en promedio la mitad de esos jóvenes son hombres y la otra son mujeres, que se casarán y probablemente tendrán un solo hijo (habrá quienes no se casen o no tengan hijos), lo que resultará en un crecimiento del 20% y bajo las mismas circunstancias, la próxima generación crecerá un 10% y la siguiente 5% y así sucesivamente[91].

Ahora, el problema pareciera que se resolvería teniendo hijos, pero hemos visto anteriormente que no basta, que no es lo mismo un hijo nacido fuera del matrimonio, uno de padres separados o uno de un matrimonio estable. En términos económicos, un hijo de un matrimonio estable tiene mayores posibilidades de adquirir el capital humano y social para convertirse en un trabajador productivo y estable.

---

[88] *Cfr. Ibídem.* p. 7.
[89] *Cfr.* División de población del Departamento de Asuntos Económicos y Sociales de la Secretaría de las Naciones Unidas, *World Population Prospects: The 2010 Revision*, Nueva York: Naciones Unidas, 2011: http://esa.un.org/unpd/wpp/index.htm. Visto en *Ibídem.* p. 9.
[90] *Cfr. Idem.*
[91] *Cfr. Ibídem.* p. 18.

También los padres se benefician, los hombres que se mantienen casados se esfuerzan más, trabajan mejor y ganan entre un 10% y 24% más, esto basado en estudios en diferentes países (México, Israel, Italia y Estados Unidos).[92]

2.2 Matrimonio: ¿Qué sectores económicos se benefician más? Una persona soltera y una persona casada tienen gastos diferentes. Aquel casado con hijos gasta más en productos para el cuidado de sus hijos, alimentación, salud, mantenimiento de la casa, seguro de vida, juguetes y mascotas.

Comparado con las familias formadas por padres solteros o casados sin hijos, la familia formada por un matrimonio e hijos, al tener más miembros, suelen hacer más compras en supermercados. Ellos suelen dedicar más tiempo y atención al mantenimiento el hogar y tareas domésticas. Al tener mayor apoyo, pueden contar con más tiempo para cocinar, por lo que buscan comprar productos vegetales y frutales frescos.[93]

Por ello nos atrevemos a afirmar que el divorcio y el concubinato reducen el mercado del que dependen muchas empresas.

La administración pública también se beneficia, pues es quien tiene que suplir las deficiencias de una cultura matrimonial frágil. Un estudio de Estados Unidos, por ejemplo, reveló que $229 millones de dólares gastados en bienestar social entre 1970 y 1996 se pudieron haber ahorrado con un cuidado más fuerte al matrimonio.[94]

Otro estudio revela que el divorcio y el cuidado de los hijos sin ambos padres le cuestan a los contribuyentes $112 millones de dólares al año.[95] En México se dedica el 1.1% del PIB a beneficios a la familia.[96]

En resumen, el gobierno debe fomentar una sana cultura matrimonial mediante la legislación y jurisprudencia para evitar problemas sociales.

---

[92] *Cfr.* Arnaud Mares, «Ask Not Whether Governments Will Default, But How», Sovereign Subjects (Morgan Stanley: 25 de agosto de 2010). Visto en *Ibídem*. p. 20.
[93] *Cfr.* W. Bradford Wilcox, When Marriage Disappears: The New Middle America (Charlottesville, VA : National Marriage Project/Institute for American Values, 2010), p. 62. Visto en *Ibídem* p. 29.
[94] *Cfr.* SAWHILL Isabel, "families at risk" Brookings institution press, 1999. Visto en *Ibídem* p. 36.
[95] *Cfr.* SCAFIDI Benjamin, The taxpayer costs of divorce and unwed childbearing. New York: institute for American values. Visto en GIRGIS, Sherif, *What is marriage? Man and Woman: A defense*, Encounter books, U.S.A. 2012, p. 44.
[96] *Cfr.* SCOTT, Mindy E. *et al. World family map*, USA, 2015. Visto el 25/03/16 p. 40

2.3. Cultura familiar mundial.

A continuación, presentamos resultados de estudios sobre las actitudes hacia el matrimonio y la vida familiar en el mundo. Estos están recogidos por el Estudio Mundial de Valores entre 1999 y 2007 en 29 países.[97] Relevantes para nuestro trabajo son las siguientes tres conclusiones que adelantamos: La gente está de acuerdo en la necesidad de una madre y un padre para el bienestar del niño, que el matrimonio no es una institución anticuada y que un mayor apoyo a la institución matrimonial sería de gran apoyo.

3.1 ¿Los niños necesitan una madre y un padre? El número de adultos que responderían afirmativamente esta pregunta es muy alto. Sobre todo en Latinoamérica, donde ningún país baja del 75%. Aunque existen lugares donde la opinión está un poco más dividida, exceptuando a Suecia (que no se aleja mucho), en ningún país hay resultados menores al 50%.

Cabe resultar que Europa tiene una mayor cantidad de números altos, resultando Italia (90%), Polonia (95%), Francia (86%) y Alemania (88%).

Seria repetitivo hablar sobre Medio Oriente y África, donde la tendencia es igual, casi unánime.[98]

3.2 ¿El Matrimonio es una institución del pasado? El 64% de los países analizados responderían negativamente esta pregunta. En américa sería entre el 70 y 80%. De esto destacamos el caso de Estados Unidos, donde el 87% asegura que es una institución de nuestros tiempos, este dato contrasta con el pasado, donde era el país americano con el menor porcentaje de adultos que creen que es necesario un hombre y una mujer para la crianza de un niño.

Pasa algo parecido en Europa, donde Suecia tiene un alto porcentaje de adultos en desacuerdo con esta pregunta (78%) junto con Alemania y el Reino Unido. De nuevo destacan Italia (81%) y Polonia (91%).

---

[97] Kenya, Nigeria, Sudáfrica, China, India, Indonesia, Japón, Malasia, Filipinas, Corea del sur, Taiwán, Francia, Alemania, Italia, Polonia, España, Suecia, Reino Unido, Argentina, Chile, Colombia, México, Perú, Egipto, Arabia Saudí, Canadá, Estados Unidos, Australia y Nueva Zelandia.
[98] *Cfr.* Social Trends Institute y Child Trends, *Op. Cit.* p. 45.

Todavía es más fuerte la relevancia del matrimonio en países de África y Asia, destacando Egipto (96%), Arabia Saudí (83%), Indonesia (96%) y Japón (94%).

Debido a la falta de apoyo a esta institución y el aumento a otras como el divorcio (introduciendo el divorcio vincular sin responsabilidad) y el concubinato (dándole más derechos), la cultura matrimonial presenta un declive en países como Chile (del 85% en 1990 al 72% en 2006), México (81% en 1981 al 71% en 2005), etc. Pero en otros se presenta un aumento, por ejemplo, en Japón (76% al 94%)[99].

3.3 ¿Es positivo poner un mayor énfasis en la vida familiar? En América, la respuesta es positiva en un 90% o más, destacando Colombia con un 99% y el más bajo Estados Unidos con un 88%.

En Europa pasa igual, el más alto está en Francia y Polonia con un 94% ambos y el más bajo es Suecia con un 81%. Misma tendencia en Oriente Medio con un 90% y 94% en Arabia Saudí y Egipto respectivamente. África expone un 94% y 86% en Nigeria y Sudáfrica respectivamente.

En Asia destacan China (92%) y Taiwán (97%). En Oceanía sucede igual en los dos países estudiados, Australia (90%) y Nueva Zelanda (92%).

Esta opinión está al alza, es decir, con el paso del tiempo sigue ganando más apoyo. En México y Gran Bretaña aumentó 7 puntos desde 1981 hasta 2006, en China aumento 18 puntos desde 1990 hasta 2007, por citar algunos ejemplos[100].

2.4. Conclusión de la primera parte.

La sociedad occidental tiene una crisis humana: aumenta la separación familiar, los niños crecen sin sus padres, el nivel de fertilidad disminuye. En resumen, la sociedad se ve incapaz de unir en matrimonio a hombres y mujeres y por lo tanto, de educar a la siguiente generación.

La tendencia hacia el matrimonio durante los últimos años ha ido en picada, ha perdido terreno como la institución primordial para la natalidad y educación de los niños, esto provocado por la secularización, el nivel económico, cambios en las

---

[99] *Cfr. Idem.* p. 46.
[100] *Cfr. Idem.* p. 47.

legislaciones, individualismo, etc. Para algunos expertos, el matrimonio en occidente no tiene futuro como la institución preparatoria de los niños para la vida adulta y como el contexto ideal para la reproducción de las generaciones futuras, pues existen fuerzas económicas, culturales y políticas aliadas contra él.[101]

A lo largo de este capítulo vimos como una fuerte cultura matrimonial es indispensable para el bienestar social, económico y psicológico de la sociedad, de cada adulto y, especialmente, de los niños.

El matrimonio es una relación privada que podría no interesarle al Estado, pero le interesa porque representa el bienestar de la sociedad. Por ejemplo, vimos en la primera parte de este capítulo, que los niños criados dentro del matrimonio viven mejor que los que lo hacen con padres solteros o con padrastros. Las comunidades con matrimonios sanos ofrecen más bienestar a los niños y mujeres, es por eso que al Estado le interesa el matrimonio.

Una cultura de matrimonio fuerte supondría, afirma el sociólogo Paul Amato, "una reducción de casi medio millón de niños suspendidos de la escuela; de casi doscientos mil jóvenes involucrados en actos de delincuencia o violencia; de doscientos cincuenta mil niños que reciben terapia psicológica; de cerca de doscientos cincuenta mil niños que fuman; de casi ochenta mil niños que contemplan la posibilidad del suicidio y de 28.000 que lo intentan."[102]

Conscientes de ello, los países suscriptores de la Convención sobre los Derechos de los Niños que entró en vigor el 20 de noviembre de 1989 declara en su preámbulo:

> Convencidos de que la familia, como grupo fundamental de la sociedad y medio natural para el crecimiento y el bienestar de todos sus miembros, y en particular de los niños, debe recibir la protección y asistencia necesarias para poder asumir plenamente sus responsabilidades dentro de la comunidad,

---

[101] *Cfr.* BUMPASS Larry, "What's happening to the family?" pp. 483 – 498; COLTRANE, Scott, "Marketing the marriage 'solution': Misplaced Simplicity in the politics of fatherhood" pp. 387 – 418.
[102] *Cfr.* AMATO, Paul, "The impact of family formation change on the cognitive, social, and emotional well-being of the next generation", 2005. Visto en BRADFORD, W, *Op. Cit.* p. 12.

> Reconociendo que el niño, para el pleno y armonioso desarrollo de su personalidad, debe crecer en el seno de la familia, en un ambiente de felicidad, amor y comprensión.[103]

En la economía también influye esta institución; Los niños criados en familias basadas en el matrimonio tienen más posibilidades de adquirir las herramientas humanas y sociales para desempeñarse como trabajadores productivos y estables.

Los hombres casados trabajan más y mejor, ganan más dinero que los solteros, pues buscan obtener mayores recursos ya que tienen la responsabilidad de otros seres humanos.

Las empresas, gobiernos y la sociedad en general son los principales beneficiados por la institución matrimonial, pues la riqueza y el comportamiento de la economía moderna dependen, en gran medida, del futuro de la familia.

Coherentemente con estas conclusiones, la mayoría de las personas en todo el mundo están a favor, en general, de una cultura matrimonial. Vimos en la última parte de este capítulo que, incluso donde el porcentaje de personas a favor era bajo, la tendencia es alta.

Es una institución que varía de una cultura a otra, que ha cambiado a lo largo del tiempo y en muchos países se ha reducido a una cuestión de amor y compañía. Pero, aun así, la sociedad ve en el matrimonio la figura ideal de las relaciones, el contexto perfecto para la crianza de los hijos.

No tan coherentemente, sino más bien, en contraste con ello, la legislación actual y la interpretación jurídica por parte de las cortes se encuentra en una tendencia contraria a todo esto, es decir, parece que actúan sin conocer los datos antes expuestos al proteger una unión entre dos adultos y llamarle matrimonio, como si esta relación fuera interesante para el Estado, cuando no tiene nada que aportarle.

---

[103] Convención sobre los derechos de los niños. Visto el 25/03/16 en: https://www.unicef.es/sites/www.unicef.es/files/CDN_06.pdf

SEGUNDA PARTE: EL MATRIMONIO

CAPITULO III. ¿QUÉ ES EL MATRIMONIO? Y ¿POR QUÉ LE INTERESA AL ESTADO?

Se vio que a lo largo de la historia han existido varias concepciones sobre el matrimonio, y en la actualidad perduran. Sin cuestionarnos sobre sí son correctas o no, afirmamos que no todas justifican el interés de Estado por regularlo, por eso, en este capítulo se intentará contestar la pregunta ¿Qué es el Matrimonio?

La finalidad de este capítulo es la que mencionaba John Finnis hablando de los bienes humanos, es decir, mostrar cómo y bajo qué condiciones el matrimonio se justifica racionalmente como un bien para la persona y como un objeto tutelable por el Estado. A partir de ahí podremos establecer las formas en que éste puede ser (y a menudos es) defectuoso.[104]

En el primer apartado (Matrimonio como una figura jurídica) analizaremos el matrimonio como una realidad jurídica creada y controlada por el Estado. Idea que, como demostraremos, justifica la intervención de este, pero en una base débil que no puede mantenerse aislada de otras concepciones. El estudio del concepto de matrimonio es un estudio jurídico porque está presente en el sistema jurídico. La corte interviene en varios casos definiendo al matrimonio.

En el segundo (Bienes humanos básicos) estudiaremos los bienes humanos básicos expuestos por John Finnis y en el tercero (Matrimonio como Bien humano básico) identificaremos la institución que nos interesa con ese concepto del filósofo estadounidense.

En el cuarto apartado analizaremos una última concepción, considerándolo como una unión completa y así poder ofrecer un concepto acorde a la realidad.

---

[104] *Cfr.* FINNIS, John, *Ley Natural y Derechos Naturales,* Traducción de: Cristóbal Orrego, Abeledo-Perrot, Argentina, 2000, p. 37.

Finalmente, en el quinto apartado exponemos la existencia de dos visiones sobre el Matrimonio, las cuales no se complementan. El Estado en el siguiente capítulo tendrá que elegir una visión que justifique su interés, considerando que el matrimonio es una institución jurídica, un Bien Humano Básico y una unión; y que solo una visión puede contener todos los elementos.

3.1. Matrimonio como una figura jurídica.

En el primer capítulo estudiamos la evolución del concepto de Matrimonio. Se definió como una figura jurídica desde la época de la secularización, con su debilitamiento gracias a la reforma protestante y el fortalecimiento de los Estados modernos.

A mediados del siglo XVI el Estado comenzó a interferir en el matrimonio desde que se vieron con derecho a rechazar la autoridad Eclesiástica en el tema (Concilio de Trento) y se creó un dualismo de derecho matrimonial.

El matrimonio está regulado por el Derecho mexicano, se hacen dos tipos de menciones en la Constitución Mexicana. De forma implícita en el artículo 4to, al "otorgar" al hombre y a la mujer la facultad de formar una familia:

> **Artículo 4o.** El varón y la mujer son iguales ante la ley. Esta protegerá la organización y el desarrollo de la familia [...]

Y explícitamente en el art. 30 B) frac. II de la ley suprema de la Nación reconociendo el matrimonio de extranjeros con mexicanos.

> **Artículo 30.** La nacionalidad mexicana se adquiere por nacimiento o por naturalización. [...]
>
> **B)** Son mexicanos por naturalización: [...]
>
> **II.** La mujer o el varón extranjeros que contraigan matrimonio con varón o con mujer mexicanos, que tengan o establezcan su domicilio dentro del territorio nacional y cumplan con los demás requisitos que al efecto señale la ley.

Aunque la Constitución mencione pocas veces al matrimonio, el titulo quinto del Código Civil Federal está dedicado al Matrimonio. En él se regula desde los esponsales hasta el divorcio. Esta ley se abstiene de dar un concepto claro del matrimonio.

Igualmente, las legislaciones locales regulan esta figura, facultad otorgada por la Constitución al permitir que los estados legislen en materia civil. El Código Civil de Jalisco le dedica a la figura los 12 capítulos del título cuarto, definiéndolo (hasta ahora) como sigue:

"**Artículo 258.-** El matrimonio es una institución de carácter público e interés social, por medio de la cual un hombre y una mujer deciden compartir un estado de vida para la búsqueda de su realización personal y la fundación de una familia."

Según Rojina Villegas, "Por virtud del matrimonio se condiciona la aplicación de un estatuto que vendrá a regir la vida de los consortes de forma permanente"[105], por lo tanto, es un acto jurídico, tiene sus elementos esenciales y de validez.

Los primeros, se refieren a las disposiciones contempladas para los contratos en general (art. 1794 y 1795 CCF), es decir, la manifestación de la voluntad, en este caso, de los contrayentes[106] y del Juez del Registro Civil como representante del Estado[107] y como objeto la creación de derechos y obligaciones entre los contrayentes (162 al 177 CCF).

---

[105] ROJINA, Rafael, *Compendio de Derecho Civil: Introducción, personas y familia,* 21ª Edición, Porrúa, México, 1986, p. 290.
[106] **Artículo 97 CCF.-** Las personas que pretendan contraer matrimonio presentarán un escrito al Juez del Registro Civil del domicilio de cualquiera de ellas, que exprese: [...]
    III. Que es su voluntad unirse en matrimonio [...]
Artículo 1794 CCF.- Para la existencia del contrato se requiere:
    I. Consentimiento [...]
[107] **Artículo 97 CCF.-** Las personas que pretendan contraer matrimonio presentarán un escrito al Juez del
Registro Civil del domicilio de cualquiera de ellas [...]
Artículo 146 CCF.- El matrimonio debe celebrarse ante los funcionarios que establece la ley y con las formalidades que ella exige.

También tiene sus requisitos de validez propios, los cuales son: Capacidad[108], ausencia de vicios en el consentimiento[109], y las formalidades legales (art. 97, 98, 100, 102, 103 y 146 CCF).

El Estado, por su parte, no interviene como un tercero extraño ante el "contrato" de matrimonio, sino que se vuelve en testigo esencial de su celebración. Tanto que, si él no actúa de esa manera, no hay matrimonio.

El Estado tiene "interés familiar" o lo que la ley llama "interés social."[110] El constituyente comprendió que es una figura que necesita de protección estatal y por eso contempló en el artículo 4 de la Constitución Política de México que ésta (la Constitución) protegerá la organización y el desarrollo de la familia.

Con base a ese artículo, cualquier norma que contravenga a la familia debe ser reputada como inconstitucional. Dice José Luis de la Peza, "La comunidad familiar debe no solo ser reconocida por el ordenamiento positivo, sino que también debe ser salvaguardada y promovida en todos sus aspectos e intereses legítimos."[111]

Ya evidenciamos lo evidente, el Estado interviene en el matrimonio, nos toca ahora preguntarnos si ese actuar es justificado y si lo hace bien o mal.

El Estado no solo tiene derecho a intervenir en el matrimonio, sino que tiene la obligación de protegerlo por ser el acto ideal por el que se forma a la familia pues es la única institución dedicada a formar y cuidar ciudadanos honorables y responsables

---

[108] **Artículo 148 CCF.** Para Contraer matrimonio el hombre necesita haber cumplido dieciséis años y la mujer catorce. El Jefe de Gobierno del Distrito Federal o los delegados según el caso, pueden conceder dispensas de edad por causas graves y justificadas.
Artículo 156 CCF.- Son impedimentos para celebrar el contrato de matrimonio: [...]
  IX. Padecer alguno de los estados de incapacidad a que se refiere la fracción II del artículo 450 [...]
[109]**Artículo 156 CCF.-** Son impedimentos para celebrar el contrato de matrimonio: [...]
  VII. La fuerza o miedo grave. [...]
Artículo 235 CCF.- Son causas de nulidad de un matrimonio:
  I. El error acerca de la persona con quien se contrae, cuando entendiendo un cónyuge celebrar matrimonio con persona determinada, lo contrae con otra [...]
[110] *Cfr.* Art. 258 Código Civil de Jalisco.
[111] DE LA MATA PIZAÑA, *op. cit.* p. IX.

desde su nacimiento hasta la mayoría de edad (mínimo), ya vimos en el capítulo pasado estudios que prueban esa afirmación.

Es por ello que muy atinadamente, el art. 4 de la Constitución Política De México, hablando de sí misma dice "Esta protegerá la organización y el desarrollo de la familia." Luego fue confirmada por la Suprema Corte de Justicia de la Nación en la acción de inconstitucionalidad 2/2010:

"234. […] Lo que se consagra constitucionalmente es la protección de la familia –su organización y desarrollo-, dejando al legislador ordinario garantizarlo de manera tal que, precisamente, conlleve su promoción y protección por el Estado."

Sin embargo, no toda intervención, por necesaria, es buena. En este caso, la intervención y el ánimo de regularlo todo, de parte del Estado puede llegar a ser enfermiza, como todo exceso.

¿Cómo justificar el hecho de que el Estado quiera limitar la realidad a lo que plasma en la ley? Es cierto que la institución matrimonial necesita la protección del Estado, más no su completo control. El matrimonio es más que una figura jurídica:

"Marriage is utterly misunderstood when conceived as no more than an official status, imposed by law and accompanied by government entitlements and mandates. Its intelligible and inherent connection with human flourishing (and thus with human nature) makes it far more than a function of legal arrangements and definitions."[112]

Tanto el legislador como el juzgador no deben perder de vista la verdad sobre el hombre y su participación en una comunidad, pues corremos el riesgo de crear instituciones que atenten contra el bien común al ir en contra de la persona por no haberla entendido o haberla ignorado.

---

[112] FINNIS, John. "*Marriage: A basic and exigent good.*" Social Science Research Network, USA. http://ssrn.com/abstract=1392288. Página consultada el 16 de noviembre del 2013. "El matrimonio es profundamente malentendido cuando se concibe sólo como un estatus oficial, impuesto por la ley y acompañado por los mandatos gubernamentales. Su inteligible e inherente conexión con el desarrollo humano (y por lo tanto con la naturaleza humana) lo hace más que una función de definiciones legales".

Claro que el Estado debe intervenir en el matrimonio, pero sólo para proteger una institución que él no creo, sino que existe por la misma naturaleza humana, y por lo tanto, no tiene la capacidad de modificarlo.

Es cierto que podemos considerar al matrimonio también como un acto jurídico condición, mixto, como un contrato ordinario y contrato de adhesión, sin embargo, estas concepciones se limitan únicamente a la forma de contraer o disolver el matrimonio y no al estado de vida que se crea.

Particularmente el matrimonio es un acto que crea un estado de vida, un nuevo estado civil por el que se crean derechos y obligaciones entre una persona y otra, entre la sociedad y la pareja y entre el Estado y el matrimonio.

Según Rojina Villegas, el matrimonio es una institución pues los ordenamientos que regulan su celebración y mantienen los derechos y obligaciones entre los contrayentes buscan el mismo fin: un estado permanente de vida que dará pasó a nuevas relaciones jurídicas[113].

Estas obligaciones que se han mencionado se encuentran en el capítulo III del título V el Código Civil Federal: contribuir para lograr los fines del matrimonio, cohabitación, ayuda mutua (material y espiritual) y mantenimiento y educación de los hijos.

3.2. Bienes humanos básicos

Para efectos de esta investigación, es necesario explicar el concepto de "Bienes humanos básicos" expuesto por John Finnis y una de las bases de esta investigación.

Cuando Finnis se refiere a "bien" se refiere a una forma general de bien que se consigue de muchas maneras en muchas situaciones, se refiere a "el objeto determinado de un deseo, elección o acción de una persona determinada […] y de este modo es una cosa buena."[114]

---

[113] ROJINA, Rafael, *Op. Cit.* p. 209.
[114] FINNIS John, *Ley Natural y Derechos Naturales, op.cit.*, 2000, p. 93.

Los bienes humanos básicos, en el momento en que se advierten, se advierten como buenos y que vale la pena conseguir, por su valor intrínseco (o su bondad) no por su utilidad. Son "el objeto de los apetitos o las inclinaciones naturales del hombre."[115]

Sin embargo, hay puntos que aclarar. Finnis, al decir que los bienes son buenos, no se refiere a que vale la pena conseguir todos esos bienes, o que dentro de un bien que puede darse de varias formas, cualquier forma es igualmente valiosa.[116]

¿Qué requiere el bien? Se pregunta Finnis, y se responde:

"That each of the basic human goods be treated as what it truly is: a basic reason for action (respect, promotion) amongst other basic reasons for action integral directiveness is not to be cut down or deflected by subrational passions."[117]

Finnis piensa que la regla de oro ('ama a tu prójimo como a ti mismo') es el mejor ejemplo para explicar uno de los elementos más importantes de los Bienes Humanos Básicos: Que son buenos para cualquier ser humano, es decir, que son bienes deseables para mí y para el prójimo.[118]

Son buenos para todos, pero no en cualquier circunstancia, es decir, en algún momento, para una persona es mejor un bien que otro. Y eso no le resta objetividad a su bondad intrínseca, pues este bien (bueno objetivamente) se encuentra insertado en la subjetividad de la persona.

"(Decir que) "el conocimiento es un bien" no significa que deba ser buscado por todos, en todo tiempo, en toda circunstancia […]"[119]

---

[115] ETCHEVERRY, Juan, *et al.*, *Ley, Moral y Razón*, UNAM, México, 2013, p. 46.
[116] *Cfr.* FINNIS, John, *Ley Natural y Derechos Naturales*, *Op. cit.*, p. 94.
[117] FINNIS, John, *Aquinas*, Oxford University Press, UK, 1998, p. 140. "Que cada uno de los bienes humanos básicos se trate como lo que realmente es: una razón básica para la acción (el respeto, la promoción) entre otras razones básicas para la acción no se va a desviar por pasiones subracionales".
[118] *Cfr. Ídem.*
[119] FINNIS, John, *Ley Natural y Derechos Naturales*, *Op. Cit.* 2000, p. 94.

Hasta ahora hemos dicho que son bienes porque tienen una bondad objetiva, es decir, son buenos y lo son para todos (aunque no toda persona deba o pueda alcanzarlos). Resta decir que, además, son evidentes.

Por ejemplo, el bien del conocimiento es evidente, no puede ser demostrado, y no lo necesita. Pero no significa esto, que sea universal (en el sentido que toda persona reconoce el valor de cierto bien). Siguiendo el ejemplo del conocimiento, un niño recién nacido, que no ha preguntado nada, no siente ninguna inclinación hacia el bien del conocimiento.

La evidencia de un bien no necesita de su reconocimiento o inclinación universal, es decir, "la universalidad de un deseo no es base suficiente para concluir que el objeto de ese deseo es realmente deseable, objetivamente bueno."[120]

Si cualquier persona dedica un tiempo a la reflexión sobre cierto bien, se dará cuenta que es en sí mismo bueno y deseable para cualquier persona, y ese razonamiento no requiere ser justificado más adelante.

Pero si es válido pensar que "algo" es un Bien Humano Básico porque los grandes hombres u hombres ejemplares han considerado ese "algo" como algo que ha cooperado en su realización plena. Por eso tenemos entre los hombres ejemplares a Sócrates, quien valoraba el bien del conocimiento y lo alcanzó, siendo así una persona plena. Tomando como ejemplo el conocimiento, Finnis dice:

"Es obvio que un hombre que está bien informado, etc., simplemente está en una mejor situación (si las demás circunstancias son iguales) que un hombre que está confundido, engañado y es ignorante; Que el estado del primero es mejor que el estado del otro, no simplemente en este o aquel caso particular, sino en todos los casos, en cuanto tales, universalmente, y me guste o no."[121]

---

[120] *Ibídem* p. 97.
[121] *Ibídem*, p. 102.

Nadie pensaría que estos Bienes son buenos porque los deseamos, sino que los deseamos porque son buenos. Por último, hay que aclarar que al hablar de "bien (es)" no se está haciendo un juicio moral por el que hablemos de "bien moral."

Hablando propiamente de los Bienes Humanos Básicos, Finnis enumera 7:

I. La vida, como una predisposición a la autodeterminación, incluyendo la integridad corporal y espiritual.

II. El conocimiento, deseable por sí mismo, no solo instrumentalmente.

III. El juego, la realización cuyo único sentido es el disfrute de la realización misma.

IV. La experiencia estética, la búsqueda de la belleza fuera de uno o apreciación de la interior.

V. La sociabilidad / Amistad, que abarca desde un estado de paz entre los hombres hasta la realización de la amistad plena. Implica obrar por los propósitos y bienestar de otro.

VI. Razonabilidad práctica, como poder introducir un orden inteligente y razonable en las propias acciones prácticas.

VII. La Religión, como el establecimiento de relaciones entre uno mismo y Dios.

Sobre estos siete bienes, Finnis aclara dos notas, que es exhaustiva y que cada uno tiene el mismo valor fundamental, es decir, son inconmensurables.

Es exhaustiva porque, aunque hay una lista innumerable de objetivos y formas de bien, todos ellos serán "combinaciones de maneras de buscar (no siempre con sensatez) y de realizar (no siempre con éxito) una de las formas básicas de bien."[122]

Son inconmensurables, cada uno es una forma de bien igual de evidente y ninguno puede ser reducido a un aspecto de otro, no hay una jerarquía de bienes humanos básicos.

---

[122] *Ibídem*, p. 121.

Cada uno da la apariencia de ser el más importante si nos concentramos en él, Finnis lo describe bien, "Si uno está pensando en su hijo que murió recién nacido, uno se inclina a cambiar el centro de su atención hacia el valor de la vida."[123]

Ningún bien es más importante que otro, porque en cada uno podemos centrar nuestra atención dependiendo nuestras circunstancias y así toma su valor prioritario. Cada persona puede tomar uno y hacerlo el centro de atención de su vida, pero así no será el centro de atención de otros.

Es cierto que si consideramos que hay bienes mayores atentamos contra la libertad. Poniendo un ejemplo, si asegurando un bien, voy a asegurar los otros, estos otros se vuelven poco atractivos y por tanto, elegibles. Nadie buscaría los bienes básicos que se alcanzan persiguiendo uno solo.

Estos bienes son razones para actuar, no hay un bien abstracto que la acción humana pueda alcanzar, no hay una bondad de la que participen todos y que pueda ser el motivo de acción. Esta prohibición a medir los bienes solo abarca el medirlos en cuanto a su bondad.

Pero ya hemos dicho que una persona puede tener su clasificación de bienes dependiendo la atención que ponga en cada uno, según sus circunstancias objetivas y no por el valor de los bienes. Es decir, hay varias jerarquías como personas existen, pero no existe una única jerarquía objetiva de valor entre ellos.

En sí, el derecho podría ignorar la teoría de los bienes básicos y avocarse en buscar soluciones justas. Pero pensar eso sería malentender a John Finnis, pues él no propone reducir el derecho a una técnica de bienes básicos, sino que con ellos, buscar la solución más justa.

---

[123] *Ibídem*, p. 123.

3.3. Matrimonio como bien humano básico.

En el capítulo pasado vimos como a lo largo de la historia, la sociedad ha buscado el matrimonio -o uniones con otro nombre, pero en esencia lo mismo-. Eso no quiere decir que el matrimonio es un bien humano básico reconocido universalmente (aunque es útil saberlo). Sin embargo, lo es por otros motivos.

Más adelante vimos, en el punto 1 de este capítulo, que el matrimonio no es sólo una figura jurídica inventada por el estado, sino que es "algo más." En este punto explicaremos qué es ese "algo más."

John Finnis ha dedicado tiempo en defender la integridad del matrimonio por ser uno de los ámbitos integrales de la plena realización humana, lo que llamamos Bien Humano Básico.

Vimos que los Bienes Humanos Básicos son sólo 7, y que se trataba de una lista exhaustiva, sin embargo, en trabajos sucesivos, el filósofo agregó al matrimonio[124] como uno más, sin ser parte de otro.

Por lo tanto, es un modo fundamental por el que una persona puede llegar a desarrollar sus potencialidades constitutivas. Es un bien que nos lleva a actuar, según lo visto en el punto anterior, de una manera y no de otra. Es fácil de deducir la manera de comportarse de una persona, pero ¿y el Estado?

El hecho de que el matrimonio sea un Bien Humano Básico, también lo lleva a actuar de una manera, es decir, a protegerlo.

Finnis piensa que el matrimonio es un Bien diferente:

> *Marriage is a distinct fundamental human good because it enables the parties to it, the wife and husband, to flourish as individuals and as a couple, both by the most far-reaching form of togetherness possible for human beings and by the most radical and creative enabling of another person to flourish, namely, the bringing of that person into*

---

[124] Cfr. *Sex and marriage: Some Myths and Reasons* (1997); *Reason, Faith and Homosexual Acts* (2001); *Marriage: A basic and exigent good* (2008)

existence as conceptus, embryo, child and eventually adult fully able to participate in human flourishing on his or her own responsibility.[125]

Esa diferencia también radica en cómo saber si tal o cual acto atenta, ayuda o protege al matrimonio. Para ello hay que analizar si en el acto concurren los elementos de que se compone este Bien humano básico.

Finnis explica que los elementos son varios y por eso es un bien complejo. Comprende la procreación de los hijos y la amistad, la cual llama *fides*. Por eso, para que un acto sea marital, tiene que comprender ambos fines.

Finnis define a la amistad matrimonial, (*fides*) como *"The disposition and commitment of each of the spouses to 'cleave to {accedere} – precisely, to be martially united with – the other and no other person."*[126] No es algo negativo, sino que es un compromiso positivo, una razón para actuar.

La procreación se manifiesta en el acto sexual que, aunque se haga con la mera intención dar y recibir placer, es la forma en la que marido y mujer se expresan y experimentan esa *fides*.

Por lo tanto, ¿qué es un acto matrimonial? Es el acto sexual en el que está presente la *fides*. Este acto es moralmente bueno y para interés de esta investigación, lleva a la plenitud humana, es el acto del Bien Humano Básico del Matrimonio. Ningún acto que carezca de estos elementos es un acto matrimonial.

Una mujer puede ser acompañada por su esposo a hacer las compras, existe el elemento *fides,* pero no hay procreación en ello, por lo tanto no es un acto matrimonial, es un acto que ella podría hacerlo con su esposo o con una amiga. Igual el caso de

---

[125] FINNIS, John. *"Marriage: A basic and exigent good."* Social Science Research Network, USA. http://ssrn.com/abstract=1392288. Página consultada el 16 de Noviembre del 2013. "El matrimonio es un Bien Humano Básico distinto, ya que permite a las partes -la esposa y el esposo- a desarrollarse como individuos y como pareja, tanto por la forma más profunda de unión posible para los seres humanos y por la más radical y creativa forma permitiendo el de otra persona, a saber, la facultad de dicha persona a la existencia como producto de la concepción, el embrión, el niño y finalmente adulto completamente capaz de participar en el desarrollo humano sobre su propia responsabilidad".
[126] FINNIS, John, *Ley Natural y Derechos Naturales*, op.cit., 1998, pp. 144 y 145. "La disposición y compromiso de cada uno de los cónyuges de unirse con –precisamente de unirse en matrimonio con- el otro y con ninguna otra persona".

una pareja que usa métodos anticonceptivos, hay *fides,* no hay procreación, por lo tanto, no es un acto marital.

Dos jóvenes que se acaban de conocer podrían tener relaciones sexuales, es un acto de procreación, pero no hay *fides*, nadie calificaría de matrimonio a esa pareja por el acto que acaban de hacer, aunque lo siguieran haciendo en otros momentos.

Si nos limitamos a ver el matrimonio como una institución jurídica (una figura que se crea y se mantiene solamente bajo el ordenamiento jurídico) estaríamos ignorando los detalles que acabamos de explicar, los cuales son esenciales del matrimonio. Dos personas pueden contraer matrimonio para que una de ellas obtenga la nacionalidad u otro beneficio sin que exista una relación verdadera entre ellos ¿Hay *fides*? ¿Hay actos de procreación? ¿Hay un verdadero matrimonio? Y si lo hubiera, ese matrimonio ¿Le interesa al Estado?

3.4. Matrimonio como una unión completa.

Hasta ahora, hemos identificado el matrimonio como una institución jurídica y como un Bien Humano Básico, nos toca identificarlo como una unión. Ninguna de las concepciones está en pugna, es decir, son compatibles y nos ayudan a acercarnos a una definición que, además de correcta, interesa al Estado.

Todas las comunidades se destacan por perseguir, con un compromiso, ciertos fines y actos. El matrimonio tiene sus actos, bienes y compromisos que lo hacen volverse una unión completa.

Bajo esta visión podemos diferenciar el matrimonio de la amistad ordinaria.

"First, it unites two people in their most basic dimensions, in their minds and bodies; second, it unites them with respect to procreation, family life, and its broad domestic sharing; and third, it unites them permanently and exclusively."[127]

4.1. Un mismo cuerpo y mente. No solo es la unión de voluntades que representarían la unión de mente, sino que también es la unión del cuerpo, porque el cuerpo es parte esencial del "yo." Cuando muevo algo no decimos que lo movió la mano, sino que lo moví yo.

Esto es importante porque una pareja de cónyuges puede ver en sus hijos la combinación de ellos mismos, de sus mentes, de sus cuerpos. Nosotros somos la evidencia de la unión de nuestros padres.

Nadie diría que dos personas que mantienen una relación de conversación agradable, en la que hay confidencias (y por lo tanto, confianza), donde ambos están cómodos, es un matrimonio, más bien es calificado como una amistad.

"Marriage requires exclusivity with respect to sex, to a certain kind of bodily union. But what makes sex special? Our bodies can touch and interact in all sorts of ways, so why can sexual union make two people one body [...] as nothing else can?"[128]

Lo que lo hace tan especial es que es un acto realizado por un interés en común, según lo visto antes, lo que Finnis llamaría acto marital, compuesto por *fides* y procreación.

Ese fin no puede ser cualquier fin (como la digestión), pues son cosas que bastan con una persona para lograrlos. La reproducción necesita de dos personas, un hombre

---

[127] GIRGIS, Sherif, *What is marriage? Man and Woman: A defense*, Encounter books, U.S.A. 2012, p. 23. "En primer lugar, se une a dos personas en sus dimensiones más básicas, en sus mentes y cuerpos, en segundo lugar, los une con respecto a la procreación, la vida familiar, y la más amplia vida familiar, y tercero, los une de forma permanente y exclusivamente".
[128] *Ibídem*, p. 24. "El matrimonio requiere de exclusividad con respecto al sexo, a un cierto tipo de unión corporal. ¿Pero que hace especial el sexo? Nuestros cuerpos pueden tocar e interactuar en todo tipo de formas, ¿Por qué solo la unión sexual puede unir dos cuerpos?".

y una mujer, que en virtud de su complementariedad sexual se coordinan para lograr ese fin.

A esa coordinación, esa unión, se le ha llamado acto matrimonial, una expresión del compromiso entre los cónyuges. Esa unión sexual comprende la procreación, que es un bien en sí mismo, y el placer, que es bueno sólo cuando va acompañado de otro bien mayor, nunca en sí mismo.

Es por esto que no llamamos matrimonio a la unión de dos amigos que disfrutan de conversar, ni la relación entre un hombre y una prostituta.

En este aspecto también radica una diferencia del matrimonio con la amistad. Pues supone que dos esposos se sitúan en un "estado de cosas que, una vez constituido, escapa por principio a su disposición."[129]

Más adelante, explican Contreras Ríos y Poblete Laval:

"Las promesas que mutuamente se ofrecen los esposos producen realmente como efecto esta particular unidad matrimonial, que es buscada e intentada por las partes. En la medida en que estas promesas están directamente motivadas por la fides matrimonial, ellas son verdaderamente efectivas y provocan el estado que se intenta."[130]

4.2. Un mismo fin. Además de una unión de cuerpos y mentes, marido y mujer se unen en la búsqueda de los más básicos tipos de bien. El matrimonio llama a compartir la vida familiar orientada a tener y criar hijos.

"By "shared domestic life" we mean more than the courteous noninterference that two mismatched freshman roommates might achieve by winter break. Spouses unite

---

[129] ETCHEVERRY, Juan, *op.cit.* p. 196.
[130] *Ibídem*, p. 196.

the whole of their selves (mind and body), and the demands of marriage are shaped by those of parenting."[131]

Entonces, ¿Por qué no podemos llamar matrimonio a un par de monjes que mantienen un orfanato? ¿Por qué llamamos matrimonio a una pareja que no puede tener hijos? Porque criar niños no lleva al matrimonio, así como las relaciones sexuales tampoco lo hacen o la amistad.

Pero desde siempre se ha identificado el acto matrimonial como el hecho que consuma el matrimonio, no el nacimiento de un hijo o su graduación de la universidad.

Pero la familia lleva a la plenitud al matrimonio, tanto la familia como el matrimonio se complementan. *"Procreation is the good that fulfills and extends a marriage, because it fulfills and extends the act that embodies or consummates the commitment of marriage: sexual intercourse, the generative act."*[132]

Es decir, el matrimonio está unido a la vida familiar porque el acto por el que se consuma el primero es el mismo por el que se llega al segundo. Respondiendo a las preguntas pasadas, el par de monjes no puede ser llamado matrimonio porque, aunque cooperan entre ellos para el desarrollo de los niños, no han consumado ningún matrimonio.

4.3. Un mismo compromiso. Hasta aquí, el matrimonio es la unión de cuerpo y mente para la realización de un fin en común. Esto requiere un compromiso, del tipo que los cónyuges prefieran.

La diferencia con la amistad es que en el matrimonio la unión, al ser de cuerpo y mente, requiere que haya exclusividad. Sería muy difícil que una persona tenga un solo amigo, siendo que, por su naturaleza sociable, se relacionara con muchas personas, pero sólo con una persona se unirá con el fin de crear una familia. Si esto

---

[131] GIRGIS, Sherif, *op.cit.* p. 28. "Por "compartir la vida doméstica" nos referimos a más del respeto que se tienen dos compañeros de piso en las vacaciones de invierno. Los Esposo unen todo su ser (cuerpo y mente), y las demandas del matrimonio toman forma por las de la paternidad".
[132] *Ibídem*, p. 29. "Procreación es el bien que completa y extiende el matrimonio, porque completa y extiende el acto que consuma el matrimonio: comunicación sexual, el acto generativo".

fuera erróneo, habríamos visto como a lo largo de la historia se crean leyes que castigan la "infidelidad en la amistad" y no solo en el matrimonio. Pero no es así.

Por eso tiene sentido que el compromiso que toman los cónyuges sea de permanencia y de exclusividad "solo contigo y para siempre." El matrimonio es el único tipo de relación humana que exige estos dos elementos.

Solo es entre dos, porque no hay ningún acto marital que una a tres personas o más. Tampoco la procreación necesita de más de dos personas para darse. Luego, para la crianza de los niños no es necesario más que de padre y madre, difícilmente alguien aceptaría que un niño puede desarrollarse psicológicamente bien con 4 madres, o una sola.

3.5. Dos visiones

Hemos visto ya tres formas de entender el matrimonio que se necesitan unas a otras. Ver el matrimonio como una institución jurídica es incompleto, necesita verse como un Bien Humano Básico que consiste en la unión. Verlo como un Bien Humano Básico necesita de la unión y de la institución jurídica. Verlo como una unión necesita describirse como un Bien Humano Básico protegido por la institución jurídica.

¿Qué características debe tener el concepto de matrimonio que sea relevante para el Estado y al mismo tiempo proteja el bien humano básico que permite el florecimiento de la persona y la sociedad? Si faltara alguna de ellas, tendríamos otro tipo de comunidad humana, quizá con algunos bienes que sean importantes para proteger. Pero no la comunidad matrimonial, pues ésta se define y delimita por los bienes que persigue.

Nos limitaremos a describir dos visiones de matrimonio a partir de los fines y bienes que justifican su existencia, dejando para capítulos posteriores su justificación ante el Estado: Revisionista y Conyugalista. Son términos utilizados por Sherif Girgis y otros autores, derivado de la tendencia que busca reinterpretar conceptos, doctrinas o prácticas con la intención de actualizarlas (Revisionismo) y de aquella que busca mantener el concepto de matrimonio como institución natural (Conyugalismo).

5.1. Visión Revisionista.
Ésta visión es definida por William B. May como: *"the public recognition of a committed relationship between a man and a woman (or two adults) for their fulfillment."*[133]

En la actualidad, se suele describir al matrimonio bajo esta visión, separándolo de los hijos, volviéndose como una institución centrada en los contrayentes y su felicidad. El hecho de los hijos se justifica pensando que, mientras los padres estén felices, los hijos lo estarán, sin ser esto cierto, pues los padres pueden ser felices y los hijos no.

Si el matrimonio es un compromiso de un hombre y una mujer para ser felices, ¿Cuál es la diferencia con la amistad? También es un compromiso entre dos personas para ser felices. Analicémoslo con los elementos que acabamos de estudiar: una institución Jurídica, Bien Humano Básico y una unión completa.

Como institución jurídica, hasta hace poco era inexistente. Aun en México, muchas legislaciones locales no definen al matrimonio con esta visión, pero si existen. El artículo 146 del Código Civil del Distrito Federal establece que:

"Artículo 146.- Matrimonio es la unión libre de dos personas para realizar la comunidad de vida, en donde ambos se procuran respeto, igualdad y ayuda mutua. Debe celebrarse ante el Juez del Registro Civil y con las formalidades que estipule el presente código."

No hace falta hacer un análisis exhaustivo para darse cuenta de que es un artículo que define al matrimonio basado en una visión revisionista.

Esta visión no entra en la conceptualización del matrimonio como Bien Humano Básico, porque incluye cualquier tipo de relaciones. Independientemente de la

---

[133] MAY, William B. *Getting the marriage conversation right [Version Kindle DX]*, Emmaus Road, U.S.A. 2012. "El reconocimiento público de una relación de compromiso entre un hombre y una mujer (o dos adultos) para su complementariedad".

moralidad de esas relaciones, en ellas, aunque puede existir el *fides*, no puede existir el elemento de la procreación.

Más bien, esta visión del matrimonio quedaría mejor siendo una visión de la amistad, cuadraría muy bien en el Bien Humano Básico de la sociabilidad.

5.2. Visión Conyugal. Es la visión conocida como la "tradicional." Es la unión de un hombre y una mujer, entre ellos y los hijos nacidos de esa unión.[134]

Aunque llamado tradicional, no lo es, pues es un hecho que el matrimonio une a un hombre y una mujer con sus hijos, formando una familia. Así lo ha sido en la mayoría de las culturas y tradiciones a lo largo de la historia, por lo menos en las que han influenciado en la cultura occidental.

3.6. Estado actual.

En cualquier tipo de discusión es importante tener bien definidos los conceptos sobre los que se discuten para tener una buena base y poder llegar a una conclusión satisfactoria. En este caso, lo que sostenemos es que en cualquier discusión relativa al matrimonio hay que partir de qué es el matrimonio.

En el apartado pasado vimos que hay dos visiones, al elegir una podemos partir de ella para justificar posiciones al momento de legislar, ya sea la unión entre parejas del mismo sexo, el divorcio, patria potestad, etc. Reiteramos que estas visiones no son compatibles, y al no poder ser las dos verdaderas, una es la que más beneficia al estado.

En el caso de México y cualquier Estado se debería hacer una discusión democrática cuya base sea definir bien el concepto de matrimonio, sin embargo, no fue así el caso. Recientemente la Suprema Corte de Justicia de la Nación ha emitido interpretaciones sobre el matrimonio donde se deja ver que ya existe un concepto de

---

[134] *Cfr. Ídem.*

matrimonio preconcebido, el cual no fue discutido democráticamente sino adoptado unilateralmente.

Analicemos dos ejemplos de tesis aisladas de este órgano jurisdiccional y la última jurisprudencia publicada en este sentido[135]:

> MATRIMONIO. EL ARTÍCULO 143, PÁRRAFO PRIMERO, DEL CÓDIGO CIVIL PARA EL ESTADO DE OAXACA, EN LA PORCIÓN NORMATIVA QUE PRESCRIBE "PERPETUAR LA ESPECIE", COMO UNA DE LAS FINALIDADES DE ESA INSTITUCIÓN, ES CONTRARIO A LOS ARTÍCULOS 1o. Y 4o. DE LA CONSTITUCIÓN POLÍTICA DE LOS ESTADOS UNIDOS MEXICANOS.
>
> El precepto legal citado define la institución del matrimonio a partir de cuatro elementos: a) es un contrato civil; b) celebrado entre un solo hombre y una sola mujer; c) que se unen para perpetuar la especie; y, d) dentro de sus objetivos también está la ayuda mutua que debe proporcionarse la pareja en la vida. Ahora bien, en relación con el tercero de esos componentes, si bien es cierto que históricamente la procreación ha tenido, en determinado momento, un papel importante para la definición del matrimonio y, sin desconocer, por ello, que procrear siga siendo parte importante de las uniones humanas, también lo es que en virtud de la dinámica jurídica, los cambios sociales y culturales, así como la existencia de diversas reformas legales, **se ha puesto en evidencia la separación del binomio matrimonio-procreación**, pues la decisión de todo individuo de unirse a otro y proyectar una vida en común deriva de la autodeterminación y del **derecho al libre desarrollo de la personalidad de cada persona para la conformación de una familia**, sin que tal decisión implique necesariamente el acuerdo de tener hijos en común. Por tanto, la porción normativa del artículo 143, párrafo primero, del Código Civil para el Estado de Oaxaca, que prescribe "perpetuar la especie" como una de las finalidades del matrimonio, atenta contra la autodeterminación de las personas, el derecho al libre desarrollo de la personalidad de cada individuo, sean éstas parejas homosexuales o heterosexuales pues, en ese tema, confluyen tanto aspectos genéticos, biológicos y otros inherentes a la naturaleza humana que llegan a impedir la procreación y, por otra parte, implícitamente genera una violación al principio de igualdad, porque a partir de ese propósito se da un trato diferenciado a parejas homosexuales respecto de las parejas heterosexuales, al excluir de la posibilidad de contraer matrimonio a personas del mismo sexo (so pretexto de la imposibilidad biológica de cumplir con el propósito de procreación);

---

[135] Las negritas son del autor.

de ahí que si se considera que la función reproductiva "potencial" del matrimonio civil y, por ende, la formación de una "familia con hijos", no es la finalidad del matrimonio, debe declararse que dicha porción normativa es contraria a los artículos 1o. y 4o. de la Constitución Política de los Estados Unidos Mexicanos.[136]

MATRIMONIO. LA LEY QUE, POR UN LADO, CONSIDERA QUE LA FINALIDAD DE AQUÉL ES LA PROCREACIÓN Y/O QUE LO DEFINE COMO EL QUE SE CELEBRA ENTRE UN HOMBRE Y UNA MUJER, ES INCONSTITUCIONAL.

Considerar que la finalidad del matrimonio es la procreación constituye una medida no idónea para cumplir con la única finalidad constitucional a la que puede obedecer la medida: la protección de la familia como realidad social. Pretender vincular los requisitos del matrimonio a las preferencias sexuales de quienes pueden acceder a la institución matrimonial con la procreación es discriminatorio, pues excluye injustificadamente del acceso al matrimonio a las parejas homosexuales que están situadas en condiciones similares a las parejas heterosexuales. La distinción es discriminatoria porque las preferencias sexuales no constituyen un aspecto relevante para hacer la distinción en relación con el fin constitucionalmente imperioso. **Como la finalidad del matrimonio no es la procreación**, no tiene razón justificada que la unión matrimonial sea heterosexual, ni que se enuncie como "entre un solo hombre y una sola mujer". Dicha enunciación resulta discriminatoria en su mera expresión. Al respecto cabe recordar que está prohibida cualquier norma discriminatoria basada en la orientación sexual de la persona. En consecuencia, ninguna norma, decisión o práctica de derecho interno, tanto por parte de autoridades estatales como de particulares, pueden disminuir o restringir los derechos de una persona a partir de su orientación sexual. Así pues, bajo ninguna circunstancia se puede negar o restringir a nadie un derecho con base en su orientación sexual. Por tanto, no es factible hacer compatible o conforme un enunciado que es claramente excluyente, por lo que procede declarar la inconstitucionalidad de la porción normativa del artículo 143 del Código Civil del Estado de Oaxaca.[137]

---

[136] Tesis 200654, MATRIMONIO. EL ARTÍCULO 143, PÁRRAFO PRIMERO, DEL CÓDIGO CIVIL PARA EL ESTADO DE OAXACA, EN LA PORCIÓN NORMATIVA QUE PRESCRIBE "PERPETUAR LA ESPECIE", COMO UNA DE LAS FINALIDADES DE ESA INSTITUCIÓN, ES CONTRARIO A LOS ARTÍCULOS 1o. Y 4o. DE LA CONSTITUCIÓN POLÍTICA DE LOS ESTADOS UNIDOS MEXICANOS., Décima Época, TCC, S,J.F y su Gaceta; VI, Mayo de 2014, p. 548.
[137] Tesis 2006876, MATRIMONIO. LA LEY QUE, POR UN LADO, CONSIDERA QUE LA FINALIDAD DE AQUÉL ES LA PROCREACIÓN Y/O QUE LO DEFINE COMO EL QUE

MATRIMONIO. LA LEY DE CUALQUIER ENTIDAD FEDERATIVA QUE, POR UN LADO, CONSIDERE QUE LA FINALIDAD DE AQUÉL ES LA PROCREACIÓN Y/O QUE LO DEFINA COMO EL QUE SE CELEBRA ENTRE UN HOMBRE Y UNA MUJER, ES INCONSTITUCIONAL.

Considerar que la **finalidad del matrimonio es la procreación constituye una medida no idónea para cumplir con la única finalidad constitucional a la que puede obedecer la medida: la protección de la familia** como realidad social. **Pretender vincular los requisitos del matrimonio a las preferencias sexuales de quienes pueden acceder a la institución matrimonial con la procreación es discriminatorio**, pues excluye injustificadamente del acceso al matrimonio a las parejas homosexuales que están situadas en condiciones similares a las parejas heterosexuales. La distinción es discriminatoria porque las preferencias sexuales no constituyen un aspecto relevante para hacer la distinción en relación con el fin constitucionalmente imperioso. **Como la finalidad del matrimonio no es la procreación, no tiene razón justificada que la unión matrimonial sea heterosexua**l, ni que se enuncie como "entre un solo hombre y una sola mujer". Dicha enunciación resulta discriminatoria en su mera expresión. Al respecto cabe recordar que está prohibida cualquier norma discriminatoria basada en la orientación sexual de la persona. En consecuencia, ninguna norma, decisión o práctica de derecho interno, tanto por parte de autoridades estatales como de particulares, pueden disminuir o restringir los derechos de una persona a partir de su orientación sexual. Así pues, bajo ninguna circunstancia se puede negar o restringir a nadie un derecho con base en su orientación sexual. Por tanto, no es factible hacer compatible o conforme un enunciado que es claramente excluyente.[138]

SE CELEBRA ENTRE UN HOMBRE Y UNA MUJER, ES INCONSTITUCIONAL, Décima Época, TCC, S,J.F y su Gaceta; VI, Julio de 2014.
[138] Tesis 2009407, MATRIMONIO. LA LEY DE CUALQUIER ENTIDAD FEDERATIVA QUE, POR UN LADO, CONSIDERE QUE LA FINALIDAD DE AQUÉL ES LA PROCREACIÓN Y/O QUE LO DEFINA COMO EL QUE SE CELEBRA ENTRE UN HOMBRE Y UNA MUJER, ES INCONSTITUCIONAL, Décima Época, TCC, S,J.F y su Gaceta; VI, Junio de 2015.

En ambas tesis aisladas y la jurisprudencia vemos dos aspectos ya analizados en el capítulo primero, es decir, que a través de la historia el concepto de matrimonio ha sido moldeado injustificadamente, en este caso se acaba con el fin matrimonial de la procreación y se da prioridad al bienestar de los padres, haciéndola una institución adulto-céntrica, es decir, que ve solo el bien de los adultos.

El argumento que toma la Corte (el matrimonio no está ligado a la procreación) adopta la visión revisionista de un matrimonio, donde el matrimonio se mantiene independiente de los fines, es una visión que no aporta ningún beneficio al Estado.

Es cierto que la procreación pareciera no esencial, pues no todos los matrimonios pueden o quieren tener hijos, pero justamente al Estado no le interesa (no obtiene ningún beneficio) describir situaciones sociológicas, sino proteger una institución que trae beneficios a la sociedad. Se profundizará más en este tema en el siguiente punto (3.7).

Así mismo, afirman que la institución del matrimonio ha cambiado a lo largo del tiempo, lo cual es incorrecto, asunto que analizaremos en el apartado sobre el constructivismo social, en el cual concluimos que una institución social no puede ser moldeada libremente.

Es interesante notar cómo en la última jurisprudencia, la corte apela al interés de proteger a la familia y más adelante mencionan que la unión homosexual es similar a la heterosexual. Se puede ver como reconocen que no es idéntica y de ahí se puede aceptar que ambas uniones no tienen por qué traer los mismos beneficios a la sociedad.

MATRIMONIO ENTRE PERSONAS DEL MISMO SEXO. NO EXISTE RAZÓN DE ÍNDOLE CONSTITUCIONAL PARA NO RECONOCERLO.

Las relaciones que entablan las parejas del mismo sexo pueden adecuarse perfectamente a los fundamentos actuales de la institución matrimonial y más ampliamente a los de la familia. **Para todos los efectos relevantes, las parejas homosexuales se encuentran en una situación equivalente a las parejas heterosexuales**, de tal manera que es totalmente injustificada su exclusión del matrimonio. La razón por la cual las parejas del mismo sexo no han gozado de la misma protección que las parejas heterosexuales no es por descuido del órgano legislativo, sino por el legado de severos prejuicios que han existido tradicionalmente en su contra y por la discriminación histórica. El derecho a casarse no sólo comporta el derecho a tener acceso a los beneficios expresivos asociados al matrimonio, sino también el derecho a los beneficios materiales que las leyes adscriben a la institución. En el orden jurídico mexicano existen una gran cantidad de beneficios económicos y no económicos asociados al matrimonio. Entre éstos destacan los siguientes: (1) beneficios fiscales; (2) beneficios de solidaridad; (3) beneficios por causa de muerte de uno de los cónyuges; (4) beneficios de propiedad; (5) beneficios en la toma subrogada de decisiones médicas; y (6) beneficios migratorios para los cónyuges extranjeros. En este sentido, negar a las parejas homosexuales los beneficios tangibles e intangibles que son accesibles a las personas heterosexuales a través del matrimonio implica tratar a los homosexuales como si fueran "ciudadanos de segunda clase", lo cual esta Primera Sala no comparte. No existe ninguna justificación racional para reconocer a los homosexuales todos los derechos fundamentales que les corresponden como individuos y, al mismo tiempo, reconocerles un conjunto incompleto de derechos cuando se conducen siguiendo su orientación sexual y se vinculan en relaciones estables de pareja. **Los modelos para el reconocimiento de las parejas del mismo sexo, sin importar que su única diferencia con el matrimonio sea la denominación que se da a ambos tipos de instituciones, son inherentemente discriminatorios** porque constituyen un régimen de "separados pero iguales". La exclusión de las parejas del mismo sexo de la institución matrimonial perpetúa la noción de que las parejas del mismo sexo son menos merecedoras de reconocimiento que las heterosexuales, ofendiendo con ello su dignidad como personas y su integridad.[139]

En la pasada tesis, la Corte afirma que no existe razón para afirmar que el matrimonio heterosexual es diferente a las uniones homosexuales y que es discriminatorio crear instituciones diferentes al matrimonio, aunque la única diferencia sea el nombre. Ya se ha visto que los estudios sociológicos antes presentados

---

[139] Tesis 2006875, MATRIMONIO ENTRE PERSONAS DEL MISMO SEXO. NO EXISTE RAZÓN DE ÍNDOLE CONSTITUCIONAL PARA NO RECONOCERLO, Décima Época, TCC, S.J.F y su Gaceta; VI, Julio de 2014.

demuestran que las parejas heterosexuales y homosexuales no se encuentran en las mismas situaciones y no aportan lo mismo al Estado.

La Suprema Corte, ha asumido como definición del matrimonio la visión revisionista, lo podemos ver en la tesis 2006534 cuando dice existir una evidente disociación entre matrimonio e hijos y en la 2006876 al decir que el matrimonio no tiene como fin la procreación, se basa en una situación sociológica y no jurídica para definir el derecho. Así, lo que ya "es" se convierte en "deber ser", sin justificar razonablemente este paso.

Además, la Corte se ha adjudicado la facultad de intervenir en las legislaciones estatales, atacando el principio de separación de poderes y el principio del federalismo volviéndose legisladora y centralizando las legislaciones en su propia opinión.

MATRIMONIO ENTRE PERSONAS DEL MISMO SEXO. PERSPECTIVAS PARA ANALIZAR SU CONSTITUCIONALIDAD.

El análisis de constitucionalidad de los matrimonios entre personas del mismo sexo se puede realizar de dos maneras dependiendo de las normas que se impugnen, ya sean aquellas que amplían el acceso al matrimonio a las parejas del mismo sexo o aquellas que lo impiden. En el primer caso, el problema planteado es si dicha regulación es legítima desde el punto de vista constitucional, de tal manera lo que deberá determinarse es si la norma en cuestión contraviene alguna disposición específica de la Constitución. Dicho de otra forma, se trata de determinar si el matrimonio entre personas del mismo sexo es constitucionalmente posible o tiene cabida en la Constitución. En el segundo caso, cuando la impugnación se endereza contra las normas que no permiten el acceso al matrimonio a las parejas del mismo sexo, el problema debe analizarse centralmente en clave de igualdad, de tal manera que hay que establecer si está justificada la distinción trazada por el legislador y, en esa medida, si **dicha regulación es discriminatoria por no permitirle el acceso a dicha institución**. Así, la cuestión a dilucidar es si el matrimonio entre personas del mismo sexo está constitucionalmente exigido por el principio de igualdad.[140]

---

[140] Tesis 2003312, MATRIMONIO ENTRE PERSONAS DEL MISMO SEXO. PERSPECTIVAS PARA ANALIZAR SU CONSTITUCIONALIDAD, Décima Época, TCC, S,J.F y su Gaceta; VI, Abril de 2013, p. 965.

En esa tesis se establece una prevención de la Corte a los legisladores estatales: si no crean o modifican sus leyes para adecuar el concepto del matrimonio al revisionista serán declararas como inconstitucionales (nos encontramos con una presunción de inconstitucionalidad), quitándoles el derecho de definir su modelo o visión de matrimonio.

Según la constitución, las entidades federativas tienen la facultad de legislar en materia de derecho familiar, escogiendo una visión revisionista y adulto-céntrica o una conyugalista que se centra en los hijos. Sin embargo, esa facultad la arrebata el poder judicial de la nación.

Estos cambios no son cambios democráticos pedidos por la sociedad sino ordenados por la Corte y por lo tanto, quien tenga una visión diferente –aunque sea válida- será tratado por el Estado como discriminatorio. Esta situación es la que criticó el Juez Antonin Scalia en su voto disidente en el caso *USA v. Windsor (570 ___ EE.UU., 2013)*, donde se discutía si una ley sobre el matrimonio discriminaba a un sector de la población:

> *This case is about power in several respects. It is about the power of our people to govern themselves, and the power of this Court to pronounce the law. [...] We have no power to decide this case. And even if we did, we have no power under the Constitution to invalidate this democratically adopted legislation.*
>
> *[...]Windsor's injury was cured by the judgment in her favor. [...] What the petitioner United States asks us to do in the case before us is exactly what the respondent Windsor asks us to do: not to provide relief from the judgment below but to say that that judgment was correct. And the same was true in the Court of Appeals: Neither party sought to undo the judgment for Windsor, and so that court should have dismissed the appeal (just as we should dismiss) for lack of jurisdiction.*
>
> *As far as this Court is concerned, no one should be fooled; it is just a matter of listening and waiting for the other shoe.*

By formally declaring anyone opposed to same-sex marriage an enemy of human decency.[141]

En ese caso, no se buscaba una verdadera apelación a una sentencia, pues tanto el demandante como el demandado estaban de acuerdo con ella, lo que se buscaba era que la Corte Suprema de aquel país se pronunciara a favor de una visión del matrimonio y evitar un debate público.

6.1 Presunción de constitucionalidad de las leyes. En relación a esa última tesis (registro 2003312), es importante recalcar que es un atentado a la presunción de constitucionalidad que gozan las leyes en México, es decir, las leyes son constitucionales mientras no se demuestre lo contrario. Giovanni Azael Figueroa lo explica así hablando de este principio en México:

> *Se supone que el legislador al expedir las leyes lo hace con estricto apego a la Carta Magna, y que la inconstitucionalidad de la disposición normativa, en caso de que la misma exista, debe ser demostrada de manera contundente. Luego entonces, la pretensión de legitimidad del Ordenamiento Jurídico exige que las decisiones de los órganos jurisdiccionales, en especial de la Suprema Corte, deban tener como una de sus premisas principales garantizar el principio democrático del Estado mexicano en atención a la presunción de constitucionalidad con que cuenta la disposición impugnada.*[142]

---

[141]United States v. Windsor. Visto el 06 de agosto de 2014: http://www.law.cornell.edu/supremecourt/text/12-307#writing-12-307_DISSENT_5. "Este caso es sobre el poder en varios aspectos. Es sobre el poder de nuestro pueblo a gobernarse a sí mismos, y el poder de este Tribunal de interpretar la ley. [...] No tenemos poder para decidir este caso. E incluso si lo hiciéramos, no tenemos el poder bajo la Constitución para invalidar esta legislación adoptada democráticamente.
[...]El daño de Windsor fue arreglado por la sentencia a su favor. [...] Lo que el peticionario, Estados Unidos, nos pide que hagamos en el caso que nos ocupa es exactamente lo que el demandante, Windsor, nos pide hacer: no discutir la sentencia, sino decir que esta sentencia era correcta. Y lo mismo ocurrió en la Corte de Apelaciones: Ninguna de las partes trató de deshacer el juicio de Windsor, el tribunal debería haber desestimado la apelación (del mismo modo que debemos descartar) por falta de jurisdicción.
En lo que se refiere a esta Corte, nadie debe dejarse engañar; es sólo una cuestión de escuchar y esperar.
Por esto declararemos formalmente a cualquiera que se oponga al matrimonio entre personas del mismo sexo como un enemigo de la decencia humana."
[142]FIGUEROA, Giovanni Azael, "Algunas consideraciones sobre el criterio de presunción de constitucionalidad de la ley. Su configuración y desarrollo práctico en el control abstracto de

Así también lo dijo la misma corte en la siguiente tesis de jurisprudencia:

> LEYES. LA EXPRESIÓN DE LA CAUSA DE PEDIR NO BASTA PARA DESVIRTUAR LA PRESUNCIÓN DE SU CONSTITUCIONALIDAD.
>
> La Suprema Corte de Justicia de la Nación ha establecido que para el estudio de los conceptos de violación o de los agravios, según se trate, basta con expresar la causa de pedir; sin embargo, ello no significa que los quejosos o recurrentes puedan limitarse a realizar afirmaciones sin sustento, pues a ellos corresponde exponer las razones por las cuales estiman inconstitucionales los actos reclamados. Por tanto, en virtud de que **toda ley goza de la presunción de constitucionalidad que es preciso desvirtuar**, en razón de la legitimidad de los órganos que la emiten, corresponde a quienes la impugnan, la carga de la prueba, pues sólo así es posible analizar si la ley reclamada contraviene o no la Constitución Política de los Estados Unidos Mexicanos.[143]

En la tesis con registro 2003312 (ya transcrita), la Corte está actuando bajo una nueva presunción de inconstitucionalidad, está imponiendo su criterio sobre todas las leyes que no dan cabida al matrimonio entre personas del mismo sexo, pues antes de que estas sean impugnadas ya está diciendo que son inconstitucionales, esto es posible solo si se aparta de criterios jurídicos, como lo está haciendo y se convierte en legisladora.

3.7. El interés del Estado por la regulación de un acto personal e íntimo.

El Estado puede tener interés en las relaciones sociales en la medida que estas afectan el bien común, así, vemos que la amistad entre dos personas no está regulada, pues no afecta al bien común en un grado que justifique esa regulación, el matrimonio es un caso diferente, pues si afecta al bien común.

---

constitucionalidad mexicano", Revista Jurídica del poder judicial del estado de Nayarit (n° 58), octubre del 2008, p. 6.
[143] Tesis 177264, LEYES. LA EXPRESIÓN DE LA CAUSA DE PEDIR NO BASTA PARA DESVIRTUAR LA PRESUNCIÓN DE SU CONSTITUCIONALIDAD, Novena Época, TCC, S,J.F y su Gaceta; XXII, Septiembre de 2015, p. 143.

Por eso, mayor grado de intimidad en la relación es menor el interés del Estado. A éste no le interesa definir qué es la amistad, cuantos amigos se tienen, edad mínima para contraer amistad ni regula una forma para ello.

No hay ninguna ley que regule la amistad, pues tiene un grado alto de intimidad, y si la hubiera, cualquiera estaría de acuerdo en que el Estado que legisló sobre ello, es un Estado asfixiante que actúa sobre la privacidad de las personas.

Le interesa regular las relaciones de negocios (aún menos importantes, pero poco íntimas) porque interesan al Estado. Interesa que se den de forma pacífica (interviene en caso de conflicto) y que sean lo más provechosas para el Bien Común.

El matrimonio le interesa aún más, lo cual es contradictorio, pues es la comunidad íntima por excelencia. En este capítulo nos preguntaremos ¿cuál es la relación que le interesa al Estado? ¿Qué características debe tener?

Se analizarán dos relaciones que pueden existir en una comunidad, buscando definir cuál puede interesarle al Estado: relación de amistad y matrimonial. Esto no quiere decir que sea una clasificación excluyente y limitativa, pues aún hay otras relaciones como la de negocios, pero inútiles para este trabajo.

Habíamos dicho que, entre mayor grado de intimidad, el grado de interés es menor, en una relación de negocios la intimidad es mínima, mientras que el interés del Estado es mayor, mientras que, en la amistad, la intimidad es mayor y el interés menor. Pero en el caso del matrimonio encontramos una contradicción: hay mayor grado de intimidad que en la amistad y sin embargo es interesante para el Estado.

Vamos a definir y analizar a la amistad y al matrimonio para, separándolas, ver el elemento que trae interés al Estado.

7.1 Amistad. En una relación de este tipo, los sujetos buscan el bien del otro, y su propio bien lo buscan también en referencia al amigo. Hay una comunidad entre ellos porque tienen un interés en conjunto, el bien del otro.

Ese interés no es simple cooperación para la realización de dos proyectos que coinciden (como lo sería una relación de negocios o juegos). Buscan la mutua conformación o autorrealización de ambos.

Para decir que hay amistad, dos personas tendrían que:

- Actuar por el bienestar de otro, no por fidelidad, sino por afecto.
- Saber de esa buena disposición entre ambos.
- Coordinar su actividad con la del otro.

Cicerón dijo que la amistad es "un común sentir en las cosas divinas y humanas, unido con una benevolencia llena de amor."[144] Santo Tomás daba a la amistad tres características[145]: Benevolencia, reciprocidad y comunicación

La amistad solo se da cuando hay benevolencia, cuando se busca la virtud o el bien. Dos personas unidas para cometer un delito no son amigos, no se comunican un bien, si no que se desvirtúan el uno al otro, la amistad es la "búsqueda común de lo bueno y de lo honesto."[146]

Una persona es un buen amigo cuando busca el bien y lo busca también para sus amigos. De otra forma se puede compartir en una relación de egoísmo en la que una persona se busca a sí misma.

La amistad se funda en las virtudes, si una relación se funda en alguna actividad deshonesta o viciosa, ellos dos no son amigos, son enemigos, pues uno le hace daño al otro, aunque no se den cuenta y en primer plano no crean que se hacen daño.

La reciprocidad es salir de uno mismo y entregarse al otro, es decir, ser amigo del amigo. Considerar los males del otro como propios, hacerse uno. Los amigos quieren y obran el bien, el uno para el otro.

---

[144] Cicerón, "*La Amistad*", Trotta, Madrid, 2002, p. 110.
[145] DE AQUINO, Tomás, II-II, q. 23 art. 1 c.
[146] CANTALAMESSA, Raniero, "*La verdadera amistad*", Homilía, Roma, 21-07-2007. Visto en: LOPEZ PADILLA, *Amistad: hacer amigos en la vida ordinaria*, IISOP, México, p. 149.

Como dijo Karol Wojtyla, "amistad indica amor en dos direcciones y que desea todo bien para la otra persona, amor que produce unión y felicidad."[147] El amigo, el que quiere ser amigo, no teme amar primero, arriesgándose a la falta de correspondencia.

Esto implica un fuerte ejercicio de humildad, pues obliga a salir de uno mismo, a amar sin ser amado (aun). Por eso podríamos adelantarnos y decir que un buen amigo es una persona humilde, que no tiene miedo a dar sin recibir a cambio.

Los amigos deben tener cosas que compartir, pero no cualquier cosa como quien comparte droga con alguien más. Cervantes lo expresaba diciendo "entre los amigos no hay cosa secreta que no se comunique."[148] Se comparten tristezas y alegrías, gustos y disgustos, ideas o intereses.

Esas cosas en común pueden empezar siendo relaciones mutuas (otros amigos, familiares, vecinos, etc.), profesión, religión, vecindad, parentesco, grupos deportivos, etc. Pero al final de cuentas, los amigos compartirán algo más que eso, pues en cualquier momento esa circunstancia que los unió puede desaparecer, pero la amistad permanecerá.

Podemos intentar clasificar los tipos de amistad dependiendo de la intensidad de ellas, es decir, por su grado de convivencia que responde al hecho de que el amor es ordenado. El más alto, evidentemente, sería la que se da dentro de la familia, el segundo entre los vecinos o ciudadanos, y el tercero entre los que pertenecen a una religión concreta.

Sobre la amistad dentro de la familia, se expresaba Aristóteles cuando dijo que "la familia es una especie de amistad."[149]

Por ejemplo, el amor que tiene un hijo a su padre es de correspondencia, pues es su principal benefactor, de quien recibió el existir.

---

[147] WOJTYLA, Karol, visto en: LÓPEZ PADILLA, Óp. Cit. p. 135.
[148] CERVANTES SAAVEDRA, Miguel de, "El Quijote de la Mancha", Cap. XXIV. Visto en: LÓPEZ PADILLA, Óp. Cit. p. 143.
[149] ARISTOTELES, "Ética Eudemia", VII, X, 1242 a, 25.

Entre hermanos es una amistad evidentemente más fuerte que la de los compañeros, pues independientemente de que compartan gustos o no, comparten a los padres. Comparten, por ello, la misma educación y costumbres.

En la amistad de vecindad entran los intereses políticos, sociales, deportivos, educativos, y de cualquier otro. Es la amistad que nace por las circunstancias que dos personas comparten, el compañerismo o camarería.

No se debe confundir con el compañerismo, el cual es fuente de amistad, deben tener un trato constante para que la amistad crezca no solo intereses comunes, sino cariño, y esto lleva a quererlos como son, a dedicarles tiempo, a comprenderles.

La benevolencia reciproca fundada en la comunicación se exterioriza cuando un amigo hace el bien a su amigo. Se le puede llamar generosidad o beneficencia. Hacer el bien al amigo es consecuencia del amor que se le tiene, es un acto de amistad, según Santo Tomás. Quien hace el bien, siguiendo al Aquinate, es el benefactor, cuyo bien consiste en la alegría de prestar un servicio.

Hemos profundizado tanto en el tema de la amistad no solo por hablar de este tipo de relaciones, sino que más adelante veremos como un cambio en el concepto del matrimonio llega a confundir, incluso, lo que se entiende por amistad y sus consecuencias.

Volviendo a los Bienes Humanos Básicos, Finnis clasifica dentro de ellos a la amistad. Cualquier persona necesita tener amigos para su bienestar, "éste difícilmente puede pensar que realmente está en buena situación si no tiene amigos"[150], es un bien sí mismo.

7.2 Matrimonio. El vínculo matrimonial es más completo que la de amistad. Es un acto, casarse o contraer matrimonio, a diferencia de la amistad, nadie habla de "amistarse" o "contraer amistad", si no que ésta es una sucesión de actos: "nos estamos haciendo amigos."

---

[150] FINNIS, John, *Ley Natural y Derechos Naturales*, op.cit., 1992, p. 172.

Como la ley lo contempla, el matrimonio es un estado civil; Más que eso, es un estado de vida en el que una pareja se compromete a comportarse de cierta manera en el futuro, siempre respecto al otro, hasta que la muerte los separe.

El matrimonio es la institución ideal por la que nace una familia, según los estudios presentados antes, es decir, por la unión de los cuerpos de un hombre y una mujer. En capítulos pasados vimos cómo el matrimonio es la institución por excelencia en la que esa unión se da de forma completa.

Las características y los fines de esta institución se dan con base a dos aspectos de la naturaleza humana: La sexualidad y la sociabilidad.

a) La sexualidad: La naturaleza humana se presenta en hombres y en mujeres, pero de forma diferente en lo que se refiere a los sexos. La misma naturaleza exige la existencia de dos sexos y esto no es exclusivo de los seres humanos, sino que lo podemos ver en los seres vivos.

Toda potencia humana tiene un fin, y el acto que se hace es bueno en tanto que busca realizar ese fin. Por ejemplo, comer tiene el fin de mantener al hombre con vida, causa placer comer, pero el placer no es el fin. Por eso, comer para mantener la vida es bueno y el placer también lo es.

En la sexualidad, la finalidad propia es la generación humana, la reproducción, cuando se actualiza buscando la procreación se usa esta potencia de forma correcta, y el placer causado también es bueno. El fruto de esta unión es, naturalmente, el hijo.

Los hijos necesitan de los padres, "todos los animales superiores requieren mucha más larga protección paterna que los inferiores."[151] En este caso, desde que el hijo nace, tiene derecho a recibir una formación. El tipo de formación al que tiene derecho cómo se justificó en el capítulo 2, es una formación recibida en un hogar formado por padre y madre.

---

[151] CHESTERTON, Gilbert K., *El amor o la fuerza del sino*, RIALP, España, 2000, p. 52.

b) Sociabilidad: Aristóteles llamaba al hombre '*zoon politikon*' porque éste necesita abrirse a los demás y necesita de una comunidad para desarrollarse físicamente, educarse y orientarse a través de la conversación.

El matrimonio llena la necesidad del hombre por sociabilizar, de forma más perfecta que cualquier otro tipo de relación, pues es una comunidad más íntima, en la que entran el cónyuge y los hijos frutos de esa unión. "No hay para el hombre mayor intimidad que la que se establece en el plano humano entre marido y mujer, y de esa intimidad se puede partir para desarrollar plenamente todos los otros aspectos de la sociabilidad."[152]

Por estos dos elementos concluimos que el matrimonio es la comunidad por la que la persona conserva a la especie y alcanza sus fines personales, es por ello que es una institución de interés de toda la sociedad. Por esto concluye Alberto Pacheco que una legislación que coloca el interés privado de los cónyuges sobre el interés público "pone en peligro la paz social y la misma estabilidad de las familias"[153].

El fin de algo es un objetivo a lograr, viene ya configurado en la realidad. Vamos a poner un ejemplo, un equipo de futbol tiene como fin meter goles, si el partido aun no empieza o no han metido ningún gol, no ha logrado su objetivo, pero ya viene implícito en la propia creación de su ser, no sólo sirve para meter goles, fue hecho para meterlos.

Igual el matrimonio tiene una razón de ser que viene desde dentro de sí, no viene desde fuera. Es por ello que el hombre y la mujer casados no pueden ignorar los fines de su matrimonio, o cambiarlos.

De los elementos del matrimonio se desprende que el fin principal del matrimonio es la procreación de los hijos, y como consecuencia, su educación. Es muy diferente la educación que un hijo pueda recibir de sus padres, los que tienen un afecto por el

---

[152] PACHECO, Alberto, *La familia en el Derecho Civil Mexicano*, Panorama, México, 1991, p. 64.
[153] *Ibídem*, p. 65.

niño, que la que pueda recibir de un extraño. La unión íntima que crea la ayuda mutua para la procreación de los hijos lleva a que los padres tengan un lazo más fuerte.

Otro fin del matrimonio es el perfeccionamiento del hombre y la mujer que se logra a través de ese lazo que crea la procreación y la educación de los hijos, un último fin, que sería el relacionado a la sexualidad ayuda a que se cumplan los otros tres fines.

Por lo que se acaba de ver, hay un orden de los fines, según su importancia. Los fines principales son la procreación de los hijos y la educación de los mismos, el primero trae como consecuencia al segundo. Los fines secundarios son la ayuda mutua entre los cónyuges, y el remedio de las pasiones sexuales. Al menos desde una visión pragmática, al Estado lo que le interesa del matrimonio es la procreación y la educación de la próxima generación.

Los fines secundarios también tienen valor por sí mismos, y es respetable que un matrimonio los busque, pues son suficientes para mantener una unión que no puede engendrar hijos, -siempre y cuando la causa de esto no sea la manipulación a los procesos naturales, pues entonces la pareja estaría evitando cumplir su fin principal y recordando a Alberto Pacheco, eso es un desorden-.

El matrimonio es un Bien Humano Básico en el sentido que perfecciona a la persona, al igual que la amistad, pero no es un grado de amistad, es decir, amistad y matrimonio no es el mismo Bien Humano Básico. Mientras los esposos deben ser amigos, no es lo mismo ser un buen amigo que un buen esposo.

3.8. Características de una relación relevante para el estado.

El Estado tiene un interés por regular las relaciones de los particulares en la medida en la que estas afectan al bien común. Por ejemplo, para que exista una amistad entre una persona y un vecino no necesitan el reconocimiento del Estado, ni su aprobación para terminar con esa amistad. Tampoco existiría una penalización en caso de que se tenga más de un amigo, ni están obligados a permanecer juntos hasta la muerte.

Es decir, la amistad no le interesa al Estado porque lo que aporta al bien común no es tanto como para que merezca una regulación legal. En cambio, una relación entre socios de una empresa si le interesa en tanto que aporta a la economía nacional.

El interés del Estado radica en fortalecer las posibilidades del ser humano y su realización plena a través de la familia, sobre bases de igualdad operante y legalmente protegida. La familia otorga a sus miembros las condiciones sociales, culturales, económicas y políticas las cuales son base indispensable de una vida social digna.

Le interesa el matrimonio porque éste produce, en resumen, un gran beneficio a la sociedad: salud, seguridad y educación desde el nacimiento hasta –mínimo- la edad adulta. El Estado no puede asignar un par de policías que cuiden a un niño desde que nace para que lo lleven al doctor y lo eduquen como buen ciudadano.

Existen asociaciones civiles, tanto privadas como públicas, que pueden hacer "algo" por cuidar de aquellos niños que se encuentran -por una u otra razón- sin el cuidado de sus padres, pero basta con conocerlas para darse cuenta que, aunque hacen lo que pueden, no se comparan cualitativamente ni cuantitativamente con el cuidado de una familia.

No es lo mismo, que varias personas se organicen para el cuidado de varios niños huérfanos a que un hombre y una mujer se comprometan para el cuidado de sus hijos. Es decir, quienes mantienen un orfanato se entregarán por completo (en el mejor de los casos) a cada uno de los niños, que por lo general suele ascender a cantidades elevadas. Un matrimonio se entregará por completo a cada uno de sus hijos, que son un número menor y por lo tanto, tendrán más atención.

No se debe juzgar que las labores sociales de ese sentido estén mal, al contrario, hay que justificarlas, porque a pesar de que la calidad del cuidado suele ser baja, es necesaria, porque el Estado no puede hacerse cargo de cada niño que no cuente con sus padres.

Es por eso que las sociedades han regulado las relaciones entre hombre y mujer que tienen como fin la procreación con la finalidad de que los nuevos niños (y futuros ciudadanos) cuenten con el cuidado y supervisión que solo un hombre y una mujer pueden dar, cada uno de diferente forma, pero siempre complementarias.

La sociedad necesita que esos niños crezcan saludables, algo que no se conseguirá si un hombre y una mujer no se comprometen de por vida entre ellos y para sus hijos. Los estudios sociológicos ya presentados ponen en evidencia las desventajas con las que un hijo de una pareja en unión libre o divorciada se enfrenta (bajo rendimiento académico, baja autoestima, dificultades sociales, emocionales y de conducta).

El matrimonio es la única institución civil *diseñada* y orientada explícitamente para mantener al padre y a la madre juntos para la educación de los hijos después de su nacimiento. ¿Qué sucedería si eliminamos al matrimonio del derecho? Aun así, el Estado buscaría mantener de alguna manera a los padres unidos para que se hagan cargo de los hijos. Es decir, el Estado necesita que los padres se responsabilicen de los hijos.

Pensar que esta institución es solo un contrato privado que no importa a la sociedad y es comparable a otros contratos civiles es un error. Por su misma naturaleza es de un orden mayor. Los contratos privados solo afectan a los celebrantes, mientras que el "contrato de matrimonio" obliga a toda la sociedad. Obliga a todo tipo de instituciones, por ejemplo, a presumir que un hombre es el padre de los hijos de la esposa.

El hombre es social y sexual, estos dos elementos están unidos de alguna forma; El matrimonio es la institución que une su sexualidad con su sociabilidad. Es lo que hace posible que la persona, que vive en sociedad pueda ejercer su sexualidad de manera correcta, haciéndose responsable de los frutos de esta potencialidad.

Sherif Girgis pone un ejemplo muy ilustrativo, las reglas de tránsito. Ellas protegen la salud y la eficiencia en las calles, "dos grandes bienes." Luego, las asociaciones civiles o las iniciativas privadas no pueden asegurarlas de manera adecuada y un error en ese sentido, traería grandes consecuencias públicas.

Evidentemente no podemos dejar que cada quien maneje en el sentido que quiera o que algunos se detengan con el rojo y otros con el verde dependiendo de su capricho. Las leyes tienen un sentido pedagógico, ayudan al hombre a hacer lo correcto y que exista coordinación entre toda la sociedad.

En conclusión, una institución es interesante para el Estado cuando:

- Es bueno para la sociedad.
- Las personan tienen derecho a ella.
- La iniciativa privada no lo puede proporcionar.
- La sociedad sentiría una gran pérdida sin ella.
- Y el Estado lo puede asegurar.

La sociedad necesita matrimonios fuertes, que beneficien a los hijos por un ambiente sano, de amor y cuidado por su madre y su padre.

Si el matrimonio es la unión de dos personas para ser felices independientemente de procrear y educar hijos, ¿Dónde está el interés del Estado y de la sociedad por esa unión? ¿Por qué intentar regular una relación que no traerá a la sociedad los mismos beneficios que el matrimonio heterosexual y en cambio, perjudicará? (Esto se abordará más profundamente en el capítulo 5)

Por eso no tiene sentido que la Suprema Corte de Justicia de la Nación, en 2010 haya dicho que lo que la constitución protege es la familia y no el matrimonio entre hombre y mujer[154], es decir, es una contradicción porque el inicio de ésta es el matrimonio, no son dos instituciones independientes una de otra y no se puede presumir que cualquier clase de unión entre dos personas sea favorable a la familia,

---

[154] Cfr. SUPREMA CORTE DE JUSTICIA DE LA NACIÓN, Acción de inconstitucionalidad 2/2010, no. 234: *"En cuanto al segundo aspecto, lo que se consagra constitucionalmente es la protección de la familia -su organización y desarrollo-, dejando al legislador ordinario garantizarlo de manera tal que, precisamente, conlleve su promoción y protección por el Estado, sin que tal protección constitucional, empero, se refiera o limite a un tipo de familia, como sería la nuclear (padre, madre e hijos) y que, de ahí, se pueda desprender que la familia se constituya exclusivamente a través del matrimonio entre un hombre y una mujer y, mucho menos, que sea éste un requisito para que "proceda" la protección constitucional a la familia, como esgrime el accionante."*

ya lo vimos en el capítulo 2; El Estado debe proteger a la familia, desde su inicio (matrimonio).

TERCER PARTE: REDEFINIR EL MATRIMONIO

CAPITULO IV. LIBERTAD, DERECHO Y MATRIMONIO

En esta parte del trabajo de investigación se responde, ¿conviene redefinir el matrimonio? o más bien, ¿cómo le interesa al Estado definirlo? ¿Somos libres de redefinir, hasta la esencia, una institución natural como lo es el matrimonio? ¿Existe algún campo en el que la voluntad del hombre está limitada? ¿Tenemos Derecho a acceder al matrimonio? ¿Hay quienes no son aptos para el matrimonio? ¿Son justas las definiciones hasta ahora vista? ¿Qué sucede con los Matrimonios que no pueden tener hijos? Para ello, además de los elementos ya vistos, vamos a analizar la libertad, el derecho y la justicia.

4.1. ¿Qué es la libertad?

La persona humana, en esencia, es un ser libre, su libertad está enraizada en lo más profundo de su ser, ella tiene que ver con todos los actos que la persona hace. Se identifica con la voluntad, por eso se le dice que es la facultad de hacer lo que queramos.

Actualmente, se entiende la libertad como algo opuesto a la servidumbre, idea que no está del todo mal, pues el siervo o esclavo es aquel que no se pertenece a sí mismo. En la Política, Aristóteles dice que es el que tiene aptitud para ser de otro, es decir, tiene una razón limitada y por eso depende de otro[155].

La libertad entendida como la capacidad de elegir es una visión superficial, es decir, excluye la autodeterminación de la persona, es por eso que la libertad es la capacidad que tiene una persona para disponer de sí mismo y, por sus acciones, decidir su destino.

---

[155] ARISTOTELES, *Política* I, 5 (1254b 14-26).

Esto nos sirve de introducción para este y el siguiente tema, pues existen dos preguntas, ¿la libertad tiene condiciones?, ¿quién se modifica, la persona que elige o el objeto elegido?

Una persona cuando elige, elige "algo", ese algo no se modifica, no cambia, es la persona la que se mueve a él, por eso una persona puede hacer lo que quiera, sin embargo, por más que mi voluntad se incline a volar, nunca lo voy a hacer. Es aquí donde se ve que, aunque la persona eligió el objeto volar, es incapaz de alcanzarlo, y el objeto no se va a modificar para que la persona la alcance. La libertad está condicionada.

Esto no significa que el hombre deje der ser libre por tener esas condiciones, más bien, se confirma, pues la acción voluntaria libre sigue siendo del hombre porque él la origina. Esto es importante, porque si se ignora, el concepto de ley, derecho y la justicia serían entendidas como límites a la libertad, y no lo son.

La libertad civil -aquella vivida en comunidad-, es básica en occidente, pues es la que nos permite participar en la sociedad de forma que se alcance el bien común.

Analógicamente se puede entender la libertad civil comparándola con la libertad individual ya analizada. Esta es la capacidad que tiene una comunidad para disponer de sí misma y sus instituciones, para que, con sus acciones, decidir su destino, alcanzar el bien común.

Respecto a las instituciones sociales, ¿la comunidad tiene libertad de elegirlas y modificarlas? La persona suele elegir lo que le haga bien a ella misma, una comunidad hace lo mismo, pero es más difícil pues se habla de muchas personas. ¿Es posible que la comunidad se disponga a discutir sobre la creación, modificación y revocación de una institución, como si habláramos de una asamblea de accionistas?

1.1 Constructivismo social. Aquí volvemos a la materia del matrimonio dando una breve introducción a lo que es el constructivismo. Este es una teoría social que explica como los fenómenos sociales se desarrollan a partir de las circunstancias sociales.

Aporta lo que serían las construcciones sociales, conceptos que a simple vista parecerían naturales, pero que en realidad son invenciones del hombre o de una sociedad en particular. Es importante destacar que esta teoría afirma que los grupos sociales se ponen de acuerdo para definir la realidad, institucionalizan fenómenos sociales y crean las tradiciones.

Por lo tanto, el matrimonio es una invención de los grupos sociales, los cuales pueden modificarlo libremente para adecuarlo al contexto social siempre cambiante y para alcanzar cierto objetivo.

Si esto fuera así, todo lo visto hasta ahora sería inútil, pues el matrimonio no será importante, sería una construcción que se distingue de las demás sólo por el nivel de unión. Pero así, también la visión revisionista del matrimonio estaría equivocada.

Si el matrimonio es una construcción, dos personas del mismo sexo no tendrían derecho a acceder a él, pues éste fue creado por una utilidad social, la cual -ya se ha visto- no responde al deseo de estas dos personas. Además, no habría ninguna utilidad en abolir el concepto de matrimonio conyugalista, pues es bueno para la sociedad.

Hasta aquí el constructivismo no beneficia a la visión revisionista y pareciera que apoya a la conyugalista, pero no es así, a largo plazo vemos que esta teoría no reconoce al matrimonio como una institución natural (pues no existen) y por tanto puede ser moldeada al gusto.

1.2 ¿Somos libres de moldear el matrimonio a nuestro gusto? Para el constructivista, el matrimonio es lo que nosotros decidamos que es, no hay criterio para decir que una relación entre dos personas es matrimonio y, por otro lado, no hay una institución.

Visto de esa manera, no hay una definición correcta de una buena política estatal respecto al matrimonio, es más, al Estado no le interesa.

Cuando una teoría filosófica adquiere eco es porque no es incorrecta del todo, por eso se puede decir que el pensamiento marxista, aunque no funcionó, algo de correcto traía, y era la urgencia de poner atención sobre las clases sociales bajas.

El constructivismo lo adquiere porque no es erróneo pensar que existen tradiciones o instituciones parcialmente construidas, pero es una falacia pensar que, por ello todas las instituciones son construidas por la persona.

El matrimonio no es moldeable porque es un aspecto básico del bienestar humano, que la persona busca por su valor intrínseco y por los bienes que solo él trae. Y que el Estado protege por el bien que trae a la sociedad tal cual es. Es decir, es un Bien Humano Básico.

Por eso, cuando decimos que los beneficios legales o la protección al matrimonio es una característica necesaria, nos referimos a que ello solo se puede alcanzar con el matrimonio y no con otra relación humana, por ejemplo, la amistad. El estado no puede otorgar la presunción de paternidad a un amigo, si no al esposo de la madre del niño.

Otra razón más para afirmar el error del constructivismo es ver cómo estas características del matrimonio, aunque con sus variaciones, en esencia son las mismas a través de las culturas y los tiempos, es decir, un matrimonio actual y uno hace diez años tendrá sus diferencias en temas de economía, tareas, etc. Igual el matrimonio entre americanos y de africanos.

Es decir, para construir el matrimonio, tendría que haberse puesto de acuerdo una primera comunidad primitiva y sedentaria que más tarde se convirtiera en nómada y una vez más en sedentaria, formando las ciudades conocidas.

¿Qué es entonces lo que se mantiene en el matrimonio? Su esencia, la cual ya vimos anteriormente, sus fines, el hecho de que no importa el tiempo y el espacio, es un Bien Humano Básico que permite a la persona desarrollarse y desarrollar a otros (el o la cónyuge y los hijos).

Dando crédito al constructivismo, es cierto que los grupos sociales construyen en materia matrimonial, las costumbres varían en el tiempo y en el objeto. Pero todo esto es construido sobre algo que no cambia, y eso que no cambia es lo que le interesa al Estado.

Como somos seres individuales no estamos a disposición de ser usados como la sociedad pueda desear. Tenemos un derecho fundamental que es la libertad, lo que significa un derecho a elegir libremente a elegir la forma en la que queremos vivir, siempre y cuando respetemos la elección de los demás.

Hay una corriente de razonamiento moral liberal que dice que hay 3 actitudes que los Estados pueden tomar respecto a las leyes frente a un individuo y son injustas. Paternalismo legislativo, el Estado no tiene derecho a coaccionar a las personas a tomar buenas decisiones. Legislaciones morales, porque éstas atentan el derecho a la libertad, pues se meten en la intimidad de las personas, la cual no atenta la libertad de los demás. Finalmente, un comportamiento fiscal que busque redistribuir la riqueza, que es una coacción que se aproxima al robo.

Las leyes morales, para ellos, le quitan libertad al hombre, le prohíben ser dueño de sí mismo y le hace ser pertenencia del Estado, quien le dice que hacer y qué no hacer. Está mal, en ese sentido que el Estado te obligue a ahorrar para el retiro, cada quien debe ser libre de elegir o no los riesgos de no ahorrar.

Esta corriente se olvida del sentido pedagógico de la ley, pero independientemente de ello, es importante distinguir dos problemas, el primero es si un acto es permisible moralmente hablando -cuestión que no se aborda en este trabajo-, y el otro es si el Estado puede reconocer ese acto o no. Nosotros nos limitamos resolver la segunda pregunta.

1.3 Pluralismo y tolerancia. Vivimos ante una sociedad nueva, distinta de otras que la humanidad ha conocido a lo largo de su existencia, es la sociedad pluralista. En esta nueva sociedad se dificulta encontrar una base o algo objetivo, pues nos encontramos con distintas formas de pensar.

Las guerras mundiales dejaron en evidencia que el Derecho no lo es todo, pues hay actos que éste no justifica (en la Alemania nazi era legal quemar a un judío). Además de la ley, debe haber algo extra que marque la manera de comportarse del hombre en sociedad.

El hombre se da cuenta de que debe haber fuentes "extra-empíricas" que afectan al Derecho y lo sobrepasan. Al haber diversas corrientes de pensamiento, esas fuentes son débiles y cambiantes por la mayoría. Aparecen los Derechos Humanos, derechos fundamentales que una mayoría no puede cambiar y que pueden servir como base de ordenamientos jurídicos para una sociedad nueva, la sociedad pluralista.

En la sociedad pluralista todos pueden participar y opinar con sus valores propios en la creación de reglas jurídicas, lo cual está bien, pero es muy difícil. Ahora surge una actitud más activa, que induce a las personas a opinar con sus principios por delante.

En la sociedad actual se exige respetar las diversas etnias y diversos pueblos. Es la sociedad formada por personas de distinta forma de pensar, por sus raíces culturales o religión, el problema que se presenta es ¿Cómo puede el derecho sentar sus bases en una sociedad donde todos piensan diferente?

Jürgen Habermas habla de que el Estado liberal busca desanclarse del pensamiento religioso y metafísico, poniendo sus bases en la filosofía del siglo XVI y XVII, auto justificándose por una constitución creada por un procedimiento democrático[156].

En ese sentido, el ciudadano ya no es un "receptor de la ley" sino un creador de ella, por lo tanto, surge un problema: ¿Cómo motivarlo a participar? "En un estado democrático de Derecho una ley que hiciera del derecho al voto una obligación sería un elemento tan extraño como una solidaridad impuesta por la ley."[157]

---

[156] HABERMAS, Jürgen. "¿Fundamentos pre políticos del estado democrático de derecho?" *Entre Razón y Religión: Dialéctica de la secularización*. Fondo de cultura económica. México, 2008, p. 12
[157] *Ídem* p. 16.

Requiere entonces de presupuestos meta-políticos que "eduquen" a la sociedad en participación, de forma que pueda ésta escuchar diversas opiniones y tomarlas en cuenta dándoles el mismo valor que por sí mismas se merecen.

Existe el peligro, afirma Habermas, de una modernización descarrilada que quiebre el lazo democrático y convierta al ciudadano en una burbuja de libertad que se mueva por su propio interés[158].

El pensamiento moderno no da un concepto de vida buena obligatoria para todos. La religión ha permitido que permanezca intacta la idea de una vida bien lograda y exitosa. La traducción de conceptos bíblicos traería beneficios para creyentes y no creyentes. Es decir, ni siquiera un argumento, por religioso, debe ser desechado.

La sociedad pluralista abarca pensamientos religiosos y pensamientos mundanos, los toma en serio desde un punto de vista cognitivo. El Estado debe lograr que, sin importar sus creencias, los ciudadanos tengan tolerancia a quienes piensen diferente y que traduzcan aportaciones del lenguaje religioso a uno más "laico".

Por lo tanto, en la discusión sobre el matrimonio debemos tener en cuenta todas las opiniones, pero nunca olvidar que hay algo objetivo que se encuentra en su esencia, y que esta institución ha existido siempre en todas las culturas, por lo tanto, realmente no es difícil llegar a un consenso sobre ella.

Para reconocer "eso" esencial que no es discutible hay que fundamentarnos en la razón objetiva o la naturaleza y en la razón subjetiva o del hombre.

En efecto, existe, en la naturaleza, una razón objetiva que puede descubrirse subjetivamente. La biología ofrece razones, pero el hombre no solo es biología, hay motivos que la hacen razonable. Por ejemplo, los animales no distinguen si tienen o no pareja, es su naturaleza, si el hombre fuera pura biología, sería igual, pero nosotros si distinguimos a una pareja.

---

[158] *Ibídem*, p. 21.

Como conclusión, en la sociedad actual existen muchas maneras de pensar y actuar, pero también hay algo esencial que no somos libres de modificar. El Estado debe respetar y escuchar a todos, sus actos y su forma de pensar, pero no debe -porque no puede-, definir algo como lo que no es.

4.2. ¿Qué es el derecho?

En 1967 la Suprema Corte de los Estados Unidos declaró inconstitucionales las leyes que prohibían el matrimonio interracial, el tribunal declaró que una ley no puede violentar "el derecho de contraer matrimonio". Tal es el argumento que abandera el movimiento que busca redefinir el matrimonio, la violación a un Derecho Humano. Pero antes de abordarlo vale la pena preguntarse, ¿qué es el derecho?

El derecho va más allá de saber lo que dice la ley, hay que saber qué valor, entre tantos, debe prevalecer. Por ejemplo, vale la pena condenar a una persona a pena de muerte por homicidio, aquí se enfrentan dos derechos, el de la seguridad de la sociedad o la vida de una persona.

La sociedad actual está acostumbrada a ver el Derecho como algo mecánico, que es una norma preestablecida, científica, neutra y eficaz, que lleva a todas las respuestas y da como resultado una sociedad justa y feliz, pero no hay que olvidar que alguna vez existió el derecho de meter judíos a un horno.

El modelo de derecho actual (y en evidente decadencia, por la aparición de bienes más importantes que la ley no contempla y no tiene por qué hacerlo) nació de otra forma de ver lo que es, conociéndolo de forma avalorativa, es decir, hay una distinción entre el *derecho-que-es* y el *derecho-que-debería-ser*. Es el derecho formal contra el derecho justo.

Para que esa comunidad funcione, el Estado debe controlar toda la relación entre los sujetos, de forma que ahora deben dirigirse a él para que luego él se dirija a otro sujeto (vg. art 17, 40 CPEUM); Requiere obediencia absoluta y legitimación para dominar a la sociedad.

Es razonable que los individuos le den la soberanía al Estado, pero no lo es esperar que el Estado –a través de la ciencia- pueda controlar todo. El Estado no lo puede todo, no existió siempre y hay muchos que han dejado de existir. Después de la segunda guerra mundial la humanidad se dio cuenta de lo peligroso que es darle todo el poder al Estado y a la ciencia.

Antes de la ilustración existían tres elementos en el derecho: *el-ser-humano-como-es*, *el ser-humano-como-sería-si-realiza-sus-fines* y la *razón* por la que se pasa de la potencia al acto. Es decir, las acciones del presente deben estar ordenadas para llegar a un fin[159].

La ilustración elimina el fin (*ser-humano-como-sería-si-realiza-sus-fines*) porque no es comprobable empíricamente el fin del hombre, queda la norma (el orden) *per se*, la única conexión del *ser-tal-cual-es* es el puro mandato. Las normas jurídicas y morales pierden su razonabilidad.

Actualmente, la palabra "*ius*" la entendemos como derecho. En la antigüedad, el "*ius*" era lo justo, en la actualidad es solo un beneficio, ningún preso dice "tengo derecho a estar en la cárcel" más bien dice "perdí mi derecho de estar libre". Las cosas también tienen un "*ius*" es decir un orden justo.

Estamos acostumbrados a usar la palabra derecho para referirnos a problemas jurídicos. Para desprendernos de la tradición ilustrada, hay que reconstruir el sentido de esa palabra, de la palabra "*iura*", si la traducimos como derecho queda incompleta.

El deseo de hacer algo o la libertad no es un derecho, es un hecho. Para los medievales y romanos quien tiene el deber y quien tiene un derecho no es lo principal, sino algo secundario, lo importante es determinar el justo orden de las cosas.

---

[159] *Cfr.* MCINTYRE, Alasdair, "*After Virtue*" Bloomsbury Academic, USA, 2011, p. 64.

El *ius* es el equilibrio de las cosas (cosas externas o personas, no considerada en su dignidad, sino en su oficio) que expresa que dos personas o cosas están relacionadas. En el modelo de la ilustración, el derecho (*Right*) hay un sujeto que le reclama a otro bajo los criterios que expresen la autonomía del mismo sujeto sin importar el orden.

En el Derecho Romano, *Ius* era la propiedad de las cosas, su relación adecuada, no una demanda que reside en agentes individuales debido a su status como seres humanos.[160]

La ley escrita debe responder a exigencia reales para no quedar en la voluntad del legislador.

John Rawls se enfoca en la justicia distributiva, ve la justicia como igualdad. Se basa mucho en Kant (quien piensa que la realidad se fabrica en el interior con conceptos *a priori*, pues no la podemos conocer por los sentidos), quien por su pensamiento se desprende que en la realidad hay un caos y se necesita algo "puesto (leyes positivas)".

Estados Unidos funciona, dice Rawls, porque las personas anteponen otros derechos a los de cada uno por el proyecto de nación (prosperidad económica, Wellfare, Libertad). El pluralismo de EEUU es un pluralismo razonable, por lo que tiene varias doctrinas comprehensivas (que intentan abarcar una idea del mundo)[161].

Para terminar este punto, el derecho ya no se puede justificar a sí mismo, debe haber algo más que guie al legislador en la creación de leyes, debe haber principios extralegales que debemos tomar en cuenta.

Hay derechos fundamentales que una mayoría no puede cambiar (vg. Aceptar la esclavitud), esos son los Derechos Humanos. La pregunta siguiente es si el

---

[160] *Cfr.* D.8.2.2 y el capítulo I de este trabajo.
[161] *Cfr.* ARGANDOÑA, Antonio, *El bien común*, Visto el 22 de marzo de 2016: http://www.iese.edu/research/pdfs/DI-0937.pdf

matrimonio, es un Derecho Humano (por lo tanto, esencialmente inmutable) es accesible para todos.

2.1 ¿Existe un derecho al matrimonio? En 1967, cuando la Suprema Corte de Estados Unidos declaró inconstitucional las leyes que prohibían el matrimonio interracial, se demostró que esta prohibición estaba motivada por racismo y la idea de la supremacía racial. Tal prohibición lo que buscaba era atacar a la descendencia de una pareja.

Es por eso que definir el matrimonio como un hombre y una mujer no tiene nada que ver con la discusión de los años 60's, pues no está motivada por motivos raciales, si no económicos y sociales, está motivado por la protección de una institución que beneficia al estado y que modificándola no traerá ningún beneficio, sino todo lo contrario.

En tal discusión, cuando se sentenció que existe un derecho natural al matrimonio lo hicieron con razón, pero para entenderlo mejor hay que ponerlo en su contexto. En esos años proteger al matrimonio era proteger a la descendencia, cuando la Corte dijo que existía el derecho al matrimonio se refería a que existe un derecho a poner los medios para tener hijos, el cual esta intrínsecamente unido al matrimonio (más evidente en esos años).

Por eso, el derecho al matrimonio hay que entenderlo como el derecho a introducirse a una institución social diseñada para unos fines y dotada de unas capacidades para lograrlos. Algunos de esos fines son sólo tomados en cuenta por el Estado, no instituidos por él, como parte de lo que implica ser persona humana –p.ej. la sexualidad, la libertad, el no usar a la persona como medio- y otras son añadidos por la ley (como la forma civil para casarse). Uno de esos fines es procrear y hacerlo dentro de una esfera de protección llamada matrimonio. Derecho que también tienen los hijos, es decir, cada quien tiene derecho a nacer dentro de una familia fundada en el matrimonio.

Hay que recordar que el derecho no es algo que le es debido a una persona, sino que pone las condiciones para que exista un orden en las cosas, es decir, no importan los sujetos de derechos o deberes. Y entendido así, no existe propiamente el derecho al matrimonio, sino a procrear dentro del matrimonio. Ya se analizó en los primeros capítulos cómo la familia fundada en el matrimonio le da ese orden a las cosas.

Pero si se vuelve a hablar de derecho como "algo que le es debido a alguien", entonces nadie tiene derecho al matrimonio ni a tener hijos, pues una persona no tiene la propiedad sobre otra, no se puede aludir el derecho al matrimonio para obligar a alguien a casarse o a tomarlo como hijo.

Cualquier derecho de cualquier individuo debe reconocerse, pero no todas las instituciones jurídicas son para todos, por eso hay requisitos y restricciones y no se puede pensar que éstas son discriminatorias, sino que aseguran la idoneidad material de la norma jurídica.

Por ejemplo, la ley de sociedades mercantiles no reconoce a una persona física como sociedad mercantil, y eso no es discriminatorio, sino que responde a la necesidad de respetar el diseño finalizado de la figura de sociedad mercantil y la seguridad jurídica al actuar ésta. En el caso del matrimonio bajo una visión revisionista ¿Qué finalidad social se espera de ella? ¿Para qué fines sociales se ha diseñado una institución así? ¿Qué aporta a la sociedad y de qué instrumentos la dotamos para que lo haga?

Tampoco se puede obligar al Estado o una institución social a dar en adopción a un niño por el derecho a tener hijos. Así mismo, no se puede exigir que se reconozca el matrimonio con un menor de edad o con varios cónyuges basándose en el derecho al matrimonio.

Respondiendo a la pregunta de este apartado, ¿existe el derecho al matrimonio? La respuesta depende de lo que se entiende por derecho:

- Derecho como algo debido a alguien: no existe el derecho al matrimonio ni a tener hijos, por lo ya explicado.

- Derecho como el orden debido en las cosas: existe, pero más correctamente sería que existe el derecho (el orden debido) a tener hijos dentro del matrimonio.

2.2 El acceso al matrimonio ¿Es un Derecho Humano? En el 2009, un hombre casado se realizó un cambio de sexo y demandó ante la Corte Europea de Derechos Humanos que su Estado, Finlandia, no quería reconocer su nueva identidad pues su legislación no permite el matrimonio homosexual, por lo que debía disolver su matrimonio o transformarlo en una sociedad civil.

Sin embargo, el 16 de julio del 2014 la Gran Cámara de la Corte Europea de Derechos Humanos falló que el rechazo de Finlandia a reconocer las uniones del mismo sexo no constituye una violación a la Convención Europea de Derechos Humanos:

*"Finland had to be given a wide room for manoeuvre ("margin of appreciation"), both in deciding on legal recognition of the new gender of post-operative transsexuals and in the way to balance competing public and private interests."*162

Es decir, la Corte Europea no considera al derecho al matrimonio como un Derecho Humano por lo que el Estado no está obligado a reconocer el matrimonio homosexual. En este contexto considera que el derecho a la protección jurídica de las personas homosexuales se satisface con las sociedades civiles o de convivencia:

> *The rights of same-sex couples were currently protected by the possibility to register a partnership. While it was true that the applicant faced daily situations in which the incorrect identity number created inconvenience for her, the Chamber considered that the applicant had a genuine possibility to change that state of affairs: her marriage could*

---

162 Hamalainen v. Finland, Decisión of the court. Visto el 06 de agosto del 2014 en: http://hudoc.echr.coe.int/webservices/content/pdf/003-4821870-5880860. "A Finlandia debería darse un amplio margen de maniobra ("margen de apreciación"), tanto en la decisión sobre el reconocimiento legal del nuevo género de los transexuales y en la manera de equilibrar los intereses públicos y privados".

be turned at any time, ex lege, into a registered partnership with the consent of her spouse. If no such consent was obtained, the applicant had the possibility to divorce.[163]

El 5 de junio del 2014, la asamblea general de la Organización de los Estados Americanos reunidos en Asunción, Paraguay aprobó la resolución 2863 de la Declaración de Asunción donde se discutió sobre Derechos Humanos, orientación sexual e identidad y expresión de género.

En ella se acordó condenar la discriminación de personas por tales motivos y se acordó la adopción de políticas públicas por parte de los Estados para prevenirla. Ésta se aprobó, aunque con bastantes notas de diferentes Estados en el mismo sentido, es decir, aclarando que aceptar que el matrimonio es entre hombre y mujer no representaba discriminación y que los términos utilizados son ambiguos y por lo tanto, desconfiables:

> *San Vicente y las Granadinas no puede unirse al consenso para aprobar esta resolución. San Vicente y las Granadinas considera que el término "expresión de género" no está plenamente definido ni aceptado en el ámbito internacional. San Vicente y las Granadinas considera que la terminología está sumamente matizada y, además, carece actualmente de definición en su legislación nacional. […]*
>
> *El Estado de Guatemala, […] considera que el no reconocimiento legal del matrimonio entre personas del mismo sexo no constituye una práctica discriminatoria. Por tanto, Guatemala de desasocia de aquellas partes incompatibles que contravengan la Legislación Nacional vigente y se reserva la interpretación de los términos de la presente resolución.*
>
> *Ecuador […] considera que el no reconocer el matrimonio legal entre personas del mismo sexo no constituye una práctica discriminatoria.*
>
> *[…]*
>
> *El Gobierno de Jamaica no puede unirse al consenso para aprobar esta resolución pues considera que el término "expresión de género" es ambiguo y puede imponer un*

---

[163] Hamalainen v. Finland, visto el 06 de agosto de 2014 en: http://hudoc.echr.coe.int/sites/eng/pages/search.aspx?i=001-145768. "los derechos de las parejas del mismo sexo estaban protegidos por la posibilidad de registrar una sociedad. Si bien es cierto que la demandante se enfrentó a situaciones cotidianas en las que el número de identidad era inconveniente para ella, la Cámara consideró que ella tuvo la posibilidad real de cambiarlo: su matrimonio se podría convertir en cualquier momento, *ex lege*, en una asociación registrada con el consentimiento de su cónyuge. Si no se obtuvo tal, la demandante tuvo la posibilidad de divorcio."

> *sistema de valores sobre otro. Además, este término y otros nuevos usados en este texto no han alcanzado aceptación internacional y tampoco están definidos en la legislación nacional de Jamaica.*
>
> *En este momento, el Gobierno de la República de Suriname no está en posibilidad de unirse al consenso sobre esta resolución por el hecho de que algunos de los términos y elementos tratados en ella requieren un más amplio debate en el ámbito nacional [...]*
>
> *[...]*
>
> *Santa Lucía no está en capacidad de unirse al consenso para aprobar esta resolución porque el término "expresión de género" no está plenamente definido ni es aceptado en el ámbito internacional Santa Lucía opina que este término no sólo está sumamente matizado, sino que lo más importante además es que carece actualmente de definición en su legislación nacional.*[164]

Es por eso que el Secretario General de la OEA afirmó que el organismo no impondrá criterios a ningún Estado respecto al matrimonio.[165] Con todo esto se concluye que los organismos internacionales no consideran el acceso al matrimonio como un derecho humano, mientras que en el apartado 6 del capítulo III (Estado actual) de este trabajo se nota que, en el caso de México, la Corte lo dogmatiza como tal sin ningún fundamento.

Estos sucesos se han dado en el ámbito internacional, después de que la Suprema Corte de Justicia de México dijera en la sentencia de acción de inconstitucionalidad 2/2010 que son muchos los países que están modificando su legislación para "adaptar" el concepto de matrimonio.[166]

---

[164] AG/RES. 2863 DERECHOS HUMANOS, ORIENTACIÓN SEXUAL E IDENTIDAD Y EXPRESIÓN DE GÉNERO, Asamblea General de la Organización de los Estados Americanos. 05 de junio de 2014.
[165] GÓMEZ QUINTERO, Natalia, OEA no impondrá criterios en matrimonio homosexual y aborto, México. Visto el 06 de agosto de 2014 en: http://www.eluniversal.com.mx/nacion-mexico/2014/oea-matrimonio-homosexual-aborto-criterios-1015489.html.
[166] Cfr. Acción de inconstitucionalidad 2/2010, SUPREMA CORTE DE JUSTICIA DE LA NACION, n. 267.

4.3. El matrimonio restringido entre un hombre y una mujer ¿es discriminatorio?

Ahora, la pregunta es si es discriminatoria la definición del matrimonio como el que se da exclusivamente entre un hombre y una mujer para la procreación y educación de los hijos y la mutua complementariedad.

En principio, se puede contestar que tal visión es justa, pues el derecho como lo entendemos, como un orden debido en las cosas, tiene intrínseca a la justicia. Pero vamos a profundizar más.

La justicia está atada al bien, según el filósofo Michael Sandel[167], esto puede darse de dos maneras. Una es pensar que los derechos y la justicia buscan los valores que prevalecen en una comunidad en determinado tiempo y en determinada área geográfica, no hay que juzgarlos por un estándar externo a esas circunstancias.

El problema de pensar así es que vuelve a la justicia algo convencional, producto de las circunstancias, en ese sentido, volviendo al tema de los matrimonios interraciales, se podrían catalogar como justos, pues en el tiempo y lugar en el que se ponían en discusión, los valores que prevalecían eran los segregacionistas. Por lo tanto, se debe afirmar que ese bien al que está atada la justicia es algo más que convencionalismos.

La otra forma es unir a la justicia con concepciones sobre el bien. Los principios de la justicia dependen de su justificación, no en valores dados en cierto tiempo y en cierto lugar, si no en lo fines que persiguen los derechos, es decir, que busquen un específico Bien Humano Básico.

La pregunta en esta segunda visión es, ¿Cómo definir el bien en una sociedad donde todos tienen sus ideas? La respuesta a esto es la que ya se vio cuando se habló del pluralismo en la tolerancia, recordando, existe el deber de escuchar a todos, pero sin perder de vista que hay algo esencial que no se debe de modificar. Se debe

---

[167] SANDEL, Michael, "Justice: What's the right thing to do?" Harvard, 2005. Visto el 26/03/2016 en http://www.justiceharvard.org/2011/02/episode-two/

respetar y escuchar a todos, sus actos y su forma de pensar, pero no se debe -porque no se puede-, definir algo como lo que no es.

En la petición que se hizo a la Suprema Corte norteamericana para revisar la decisión del caso *Herbert v. Kitchen (D. Utah 2013)* desahogado en Estados Unidos, se argumentó que el reconocimiento a la visión conyugalista del matrimonio es porque tiene una característica que otras uniones no tienen: pueden crear vida. Por lo tanto, no es discriminatorio decir que no es lo mismo la unión entre un hombre y una mujer y la unión entre personas del mismo sexo, pues en sí mismas ya son diferentes[168].

Las leyes con una visión conyugalista toman a la persona por la complementariedad hombre-mujer, no por orientación sexual, que no es lo mismo. Hombre y mujer tienen los mismos derechos. Esta forma de clasificar es razonable pues la inclusión de un grupo promueve un propósito gubernamental legítimo, en este caso, la protección y desarrollo del menor, no la felicidad del adulto.

El amor entre dos adultos es importante, pero no corresponde a un interés del Estado para catalogarlo como matrimonio, por eso amar a alguien no crea el derecho a casarse con esa persona. Por ejemplo, un hombre que se enamora de una mujer casada no tiene el derecho a casarse con ella mientras no se disuelva el vínculo previo. La razón de esto es por lo hijos, se debe buscar protegerlos en el divorcio y debe pasar un tiempo para asegurarse que no vienen en camino hijos del primer matrimonio.

El interés reside, entonces, en una característica que solo encontramos en parejas de diferente sexo: pueden procrear hijos.

Si el interés radica en los hijos, el Estado debe tomar en cuenta que los padres no son intercambiables, es decir, no da igual que el hijo sea educado por papá y mamá a que lo sea por un papá soltero o mamá soltera, tampoco si lo es por dos papás o dos mamás.

---

[168] La petición se puede ver en http://www.nclrights.org/wp-content/uploads/2014/08/Utah-State-Petition-for-Cert-Herbert-v-Kitchen.pdf (Acceso enero 2015). El 6 de octubre, la Suprema Corte de Estados Unidos, resolvió no revisar la decisión de fondo sin ofrecer explicación alguna: http://www.supremecourt.gov/orders/courtorders/100614zor.pdf

Entonces la cuestión no es sí se encuentran en igualdad frente a la ley, es si se encuentran en igualdad frente a la naturaleza y la respuesta es negativa.

3.1 Matrimonios sin hijos. Es necesario ahora hablar del caso de los matrimonios sin hijos. ¿Qué sucede con aquellas uniones que cumplen todos los requisitos del matrimonio como Bien Humano Básico, pero no tienen hijos? ¿Pueden ellos acceder al matrimonio? La respuesta es sí.

La definición real del matrimonio es consistente y respeta el principio de que todas las personas, independientemente de sus condiciones e inclinaciones, tienen igual dignidad y derechos.

Un matrimonio que no puede tener hijos no es un tipo diferente de matrimonio, sigue siendo un matrimonio, y reconocer una pareja sin hijos como un matrimonio no trae ningún costo como así lo traería nombrar matrimonio a la unión entre personas del mismo sexo (asunto que trataremos en el último capítulo), una unión polígama, etc. Incluso, reconocer al matrimonio sin hijos trae beneficios y uno en especial.

Antes se ha visto que para crear esa unión comprehensiva entre el hombre y la mujer que forma el matrimonio es necesaria la unión corporal, la cual tendría como resultado la procreación y la vida en común. Esa unión, insistimos, es la que forma el matrimonio.

El acto marital debe combinar el acto correcto con la intención correcta, nada más. Una pareja infértil, con acto e intención adecuada pueden crear ese vínculo que los va a unir, independientemente de si hay o no hijos.

Imaginemos un equipo de fútbol, si no quieren jugar juntos, no son un equipo, si no tienen intenciones de ganar, tampoco lo son. Lo que lo hace ser un equipo es el acto de jugar futbol juntos y su intención de ganar: cumplir unos fines, utilizar unos medios proporcionados, y dentro de ese marco, calificar algunos actos como razonables o no.

En un caso específico, si el equipo de fútbol pierde el partido, no cumple su fin, pero no deja de ser un equipo. Son un equipo que perdió, pero son equipo. Es decir, no importan los resultados, no hay que confundir el acto interno por el que se busca realizar racionalmente un fin y la exterioridad del resultado. En este caso, la unión del cuerpo y alma de la pareja con un proceso biológico que puede fallar.

Habíamos dicho que reconocer los matrimonios infértiles como matrimonios no traía los costos de reconocer otro tipo de uniones que no tienen nada que ver con el matrimonio, esto lo tocaremos más adelante, pero a modo de adelanto, decimos que estos matrimonios no atacan la verdadera esencia del matrimonio, ni hace ver a los padres como algo superfluo, al contrario.

Sobre los beneficios, primero, fortalecen la cultura del matrimonio, es decir, su ejemplo motivaría a otras parejas a tomar la decisión de unirse en matrimonio. Está también el tema de la adopción, que es un beneficio para la sociedad, pues les da el derecho a todos aquellos niños que por cualquier suceso -siempre traumático- perdieron a sus padres, poder vivir como si los tuvieran.

Lo más importante, es que, si se permitieran solo los matrimonios fértiles, se perdería una idea que no debemos olvidar: que el matrimonio tiene valor por sí mismo, que es bueno, que es un Bien Humano Básico.

CAPITULO V. REDEFINIR EL MATRIMONIO: ¿POR QUÉ NO DA IGUAL?

Hasta aquí se ha buscado entender que la visión conyugalista es la que realmente interesa al Estado, mientras que la revisionista no aporta lo suficiente a la sociedad. Pero es fácil pensar que, si no lo hace, al menos acomoda a un sector de la sociedad.

Antes de responder, por qué el daño es mayor que la ganancia, es importante volver a recalcar que este trabajo no es sobre el matrimonio homosexual sino sobre la naturaleza de esta institución natural y universal, y este capítulo trata sobre los efectos dañinos que puede tener el intentar cambiar su naturaleza con las leyes.

Ya antes se ha hablado del sentido o el fin pedagógico de la ley, es decir, la ley busca incentivar conductas buenas y provechosas en la sociedad (por ejemplo, de fomentar el ahorro mediante los fondos de retiro obligatorios).

Este sentido –que no es el único- de la ley busca formar en la persona una idea que fomente un comportamiento. Finalmente, esa idea o creencia junto con ese comportamiento afectarán los intereses y el bienestar de la persona.

Esto viene para hacer notar que una ley mal dirigida sobre el matrimonio puede crear visiones equivocadas en las personas sobre el matrimonio y sobre todo aquello que lo rodea y es base de la sociedad: la paternidad, moral, religión y amistad.

Al analizar sobre los daños al matrimonio en este sentido, Sheriff Girgis analiza 5 problemas provocados por una visión equivocada: El debilitamiento del matrimonio; el expansionismo del Estado; la superficialidad de la maternidad y paternidad; la moral; la amistad.[169]

Nos ahorraremos un apartado sobre el atentado a la moral y libertad de educar a los hijos por tratarse de asuntos más individuales cuyo único interés del Estado es la violación a otros Derechos Humanos. Esto es más un efecto de la discusión que de un cambio de concepto.

En este tema se resalta cómo los revisionistas no sólo buscan que se acepte su idea, sino hacerla formal y general para todos, atentando la libertad de los padres de educar a sus hijos en sus propios principios y la libertad de expresión, donde mucha gente se ha visto víctima de la censura (llegando a perder su trabajo y posición social) por apoyar el matrimonio conyugal.[170]

---

[169] *Cfr.* GIRGIS, *Op. Cit.*, pp. 53, 66.
[170] Por ejemplo, Walden v. Centers for Disease Control y el caso de Damian Goddard, etc.

5.1. Debilitamiento del matrimonio.

De las leyes la sociedad de puede dar cuenta sobre lo que es razonable y apropiado. Es decir, la ley, efectivamente, tiene influencia sobre la conducta de la persona. Igual sucede con aquello que la ley protege y/o promueve.

Es por esto mismo que a las personas que apoyan una visión revisionista del matrimonio no les convencen las uniones civiles, por que echan de menos el efecto promotor que tienen las leyes sobre el matrimonio y la influencia que tiene sobre el comportamiento de las personas.

Sheriff Girgis cita al filósofo Joseph Raz, quien no comulga con la idea conyugalista, pero está de acuerdo en la afirmación que acabamos de hacer:

> "Una cosa se puede decir con certeza (sobre los cambios recientes en la ley del matrimonio). Que no se limitan a la adición de nuevas opciones para la familia monógama heterosexual familiar, sino que va a cambiar el carácter de esa familia.
>
> Si estos cambios arraigan en nuestra cultura, entonces las relaciones matrimoniales familiares desaparecerán. No van a desaparecer de repente. Sino que se van a transformar en una relación social diferente, cosa que responde al hecho de que es una de las varias formas de unión, en sí mucho más fácil de adquirir y disolver.
>
> Todos estos factores ya están teniendo efecto en las normas sociales que determinan lo que es apropiado dentro de un matrimonio convencional y la transformación de su significado."[171]

Redefinir el matrimonio en la ley provocaría que las personas cambien su propio concepto de él, y el matrimonio heterosexual empezaría a ser visto por

---

[171] RAZ, Joseph, "Autonomy and pluralism" en *The morality of Freedom*, Oxford, UK, 1988, p. 393. Visto en: GIRGIS, *Op. Cit.* p. 54. "One thing can be said with certainty (about recent changes in marriage law). They will not be confined to adding new options to the familiar heterosexual monogamous family. They will change the character of that family. If these changes take root in our culture then the familiar marriage relations will disappear. They will not disappear suddenly. Rather they will be transformed into a somewhat different social form, which responds to the fact that it is one of several forms of bonding itself is much more easily and commonly dissoluble. All these factors are already working they way into the constitutive conventions which determine what is appropriate and expected within a conventional marriage and transforming its significance".

aquello que tienen en común con otro tipo de relaciones humanas y no por lo que puede aportar a la sociedad.

Esto es más profundo, pues el Bien Humano Básico del matrimonio se vuelve inalcanzable ya que al ser una institución difícil de definir (la unión de una persona con otra), la persona no optará por ella, así como una persona que no entiende bien lo que es la amistad, difícilmente tendrá una.

Claro que un efecto de la redefinición podría ser que el número de matrimonios aumente, pero serían más bien uniones parecidas a amistades formalizadas por un contrato, distorsionando sus prioridades y haciendo que el fin del matrimonio pase a un segundo plano, provocando los daños que ya se hicieron notar –y que ya se dan- en el segundo capítulo.

5.2. Expansionismo del Estado

Si se adopta la visión revisionista, como una unión basada en sentimientos, se pierde la base de que la unión debe ser permanente y limitada a dos personas, características que en cierto sentido también les interesan a los revisionistas, pues le dan cierto valor al matrimonio.

Sin embargo, perderían razón de ser, pues una persona no sentiría la necesidad de vivir para siempre con la otra, restándole valor al matrimonio y convirtiéndola en una simple unión en nada diferente a la amistad.

El problema se vuelve más claro cuando se mete a los hijos en el tema. Ya se probó que los hijos necesitan de los dos padres unidos o se afectaría la salud y educación. En sí, lo que al Estado le interesa es que estas uniones permanezcan juntas para formar ciudadanos.

La responsabilidad del Estado aumenta junto con las separaciones de matrimonio, tendría que repartir culpas sobre la separación y arreglar problemas de custodia y alimentos. Estos mismos efectos suceden con las leyes de divorcio exprés, las que se dan por una mala concepción del matrimonio y del verdadero interés del Estado por él.

En resumen, un mal concepto de esta institución en las leyes provoca que la persona lo adquiera igualmente mal. Se pierde el elemento de permanencia y exclusividad, haciéndolo más vulnerable a la separación. En consecuencia, el Estado tendría que crecer de una manera innecesaria para cubrir los huecos que se produzcan en la sociedad.

5.3. Superficialidad de la maternidad y paternidad.

La visión conyugalista refuerza la idea de que el matrimonio heterosexual es el mejor para la educación de los hijos. Ninguna institución civil, además del matrimonio, tiene intrínseca esta idea, de que el niño y la niña se benefician de diferente manera del padre y la madre.

Dando un paso más, la ley sobre el matrimonio con una visión revisionista le restaría valor a esa idea, es decir, con ella cualquiera pensaría (con el sentido pedagógico de la ley) que no importa si el hijo es criado por madre y padre, por la madre o el padre solos, por algún pariente, o una pareja del mismo sexo.

El daño inmediato sería que la presión social y los incentivos para que el padre permanezca en el seno familiar se reducirían al mínimo, dejando desprotegidos a la madre y a los hijos, y como se anotó en el punto pasado, el Estado se vería obligado a expandirse para poder cuidar a esa familia, gastando más en, por ejemplo, seguros para madres solteras, que no solo cubrirían a las viudas (que serían minoría) si no a las que nunca se casaron, divorciadas y abandonadas.

Además, está evidenciado que los niños necesitan recibir formación de ambos padres y uno no puede sustituir al otro. Sin padre, las niñas tienden más a sufrir abusos sexuales y a la promiscuidad, mientras que los niños a la agresión, delincuencia y luego, la cárcel (se sustenta esto en el capítulo II del presente trabajo).

Los sociólogos concuerdan en esto, David Popenoe de la Universidad de Rutgers dice que hay que olvidarse de la idea de que las mamás pueden ser buenos papás o que los papás buenas mamás, pues ambos dan diferentes aportaciones a la educación y cada uno es necesario cultural y biológicamente hablando[172]. Bardford Wilcox de la Universidad de Virginia dice que los mejores estudios psicológicos, sociológicos y biológicos sugieren que el padre y la madre dan diferentes "regalos" a la paternidad.[173]

La convención de los derechos del Niño expresa que lo que el niño necesita para su pleno desarrollo es más que alimentación y salud: necesita un ambiente adecuado. Se ha visto que la mejor manera de cumplir este tratado es postular como el ambiente más adecuado el fundado en un matrimonio entre hombre y mujer juntos para siempre.

Es necesario resaltar que redefinir el matrimonio provocaría que sea más fácil para cualquiera de los padres abandonar a su familia, y que los que no están casados no lo hagan y que los hijos crezcan en un ambiente monoparental.

Cualquiera que sea la causa, privaría a los hijos del cariño del padre o de la madre y del ejemplo de una familia unida.

---

[172] Cfr. POPENOE, David, *Life without father*. Visto el 22 de marzo de 2016: http://files.eric.ed.gov/fulltext/ED416035.pdf
[173] *Cfr.* GIRGIS, *Op. Cit.* p. 59

CONCLUSIONES

Durante este recorrido se ha intentado descubrir, primero, si el Estado tiene interés real sobre el matrimonio, luego, qué hace que esta institución adquiera su valor, es decir, qué es el matrimonio. Más adelante por qué le interesa éste y no otra institución. Se evidenció que no da igual un concepto de matrimonio y otro.

El trabajo comenzó haciendo un análisis histórico-jurídico del matrimonio para resaltar, primero cómo los romanos le daban tanta importancia a esta institución, poniendo límites a su formación y más tarde, disolución, conscientes de que no era cualquier cosa. Para ellos era más que un contrato.

Estaba tan protegida la figura, que, con la aparición del cristianismo, no fue rechazada sino adoptada, por los principios morales que lo regían. Aun así, la autoridad eclesiástica siempre respetó el papel de la autoridad secular, interviniendo sólo en asuntos controversiales. La principal aportación del derecho canónico fue la definición del fin del matrimonio: la procreación y la complementariedad entre los cónyuges expresada en la *fides*.

Es el siglo XVI, con la creación de los nuevos Estados y el protestantismo surge la secularización. La reforma protestante atacó todo lo que viniera de la Iglesia, es decir, dejó de reconocer algunos de los fines ya mencionados que el Derecho Canónico había aportado al Matrimonio.

Conceptos de la filosofía clásica como libertad y derecho se mal entienden y el primero se convierte en la capacidad de hacer lo que el individuo quiera y el segundo en la facultad de reclamar algo de alguien.

También es importante destacar que los nuevos Estados comienzan a legislar en materia matrimonial basándose en los pensamientos filosóficos de moda y aparece esta institución natural reducida a un contrato civil.

Hablamos de la evolución del matrimonio en el país, para demostrar cómo también aquí se fue desvirtuando el concepto de matrimonio. Demostramos, además, con la existencia del matrimonio en los pueblos precoloniales, que el matrimonio es una institución natural de la sociedad y no un invento del hombre occidental. Tan es así que encontramos los mismos elementos de exclusividad y permanencia (*fides*) y el fin de la procreación.

En la época colonial y post-independentista se mantuvo el derecho canónico tal cual, pero con el régimen liberal cambió todo de nuevo. Es decir, se siguió la misma tendencia a separar al Estado de todo lo que viniera de la Iglesia y rechazarlo, así surgen la ley del matrimonio civil y la orgánica del registro civil.

Allí se remueven los fines naturales de matrimonio y se le da más importancia a la forma de contraer el matrimonio.

En la época revolucionaria en México, Carranza expresamente declaró que los fines del matrimonio son la procreación de los hijos y la ayuda mutua, sin embargo, el presidente expidió la Ley del Divorcio creyendo que con ello ayudaba a la familia.

De 1974 en adelante se termina de modificar el concepto de matrimonio al desconocer sus fines y poniendo los primeros en segundo plano y a los segundos en primer plano.

El interés del Estado por el matrimonio se perdió a partir de que se comenzó a ver al matrimonio como un contrato civil de un hombre y una mujer, con el fin de ayudarse entre ellos y con la opción de procrear y educar a los hijos.

Tras analizar el pasado, el trabajo se detuvo en estudios sobre el presente y sobre los efectos del matrimonio en la sociedad. Estos estudios, hechos en todo el mundo, revelan cómo existe una desestabilización real del matrimonio y con ello de la sociedad entera.

En los estudios sociológicos se demuestra cómo tiene importancia la estructura familiar y que aquella que más ayuda a la formación de los futuros ciudadanos es la formada por padre y madre. Entre las conclusiones, las más destacadas son:

1. El matrimonio facilita las relaciones de los dos padres con sus hijos.
2. La cohabitación no es lo mismo que el matrimonio.
3. Los hijos nacidos fuera del matrimonio o de padres divorciados tienden a vivir la misma situación que sus padres.
4. La correcta concepción del matrimonio de parte de la pareja mejora sus relaciones entre ellos y con sus hijos.
5. El matrimonio tiene consecuencias biológicas para niños y niñas.
6. Los niños que viven con ambos padres gozan de mejor salud física y mayor esperanza de vida.
7. Las personas casadas tienen mayor esperanza de vida.
8. Los hijos de padres divorciados sufren más ansiedad psicológica y enfermedades psíquicas.
9. El divorcio parece incrementar el riesgo de suicidio.
10. Las madres en cohabitación, divorciadas o solteras sufren más depresiones.
11. Los hijos varones criados solo por el padre o la madre tienen más tendencia a cometer delitos.
12. El matrimonio reduce el riesgo de que un adulto se vuelva agente o víctima de crimen.
13. Las mujeres casadas sufren menos de violencia domestica que las solteras con pareja.
14. Los niños que no viven con sus dos padres biológicos tienen más riesgo de sufrir malos tratos.

Los estudios económicos concluyeron que la prosperidad aumenta y disminuye junto con la calidad de vida de la familia, y que ésta aumenta la posibilidad de un estado de bienestar con trabajadores productivos. Igualmente se enumeran las conclusiones:

1. El divorcio y los hijos fuera del matrimonio incrementan el riesgo de pobreza tanto para los hijos como para sus madres.
2. Las parejas casadas son más solventes.
3. El matrimonio ayuda a las mujeres económicamente menos privilegiadas.
4. El matrimonio suele incrementar el poder adquisitivo de los hombres.
5. El divorcio o el no llegar a casarse incrementa el riesgo de fracaso escolar en los hijos y reduce la probabilidad de los hijos de conseguir un título universitario y tener un trabajo de alto reconocimiento.

Además, profundizando más en este tema de forma más macroeconómica, podemos precisar que con el crecimiento demográfico (resultado de una buena cultura familiar y matrimonial) se da también el crecimiento económico.

Un gobierno que no cuide del matrimonio es como un doctor que no anima a sus pacientes a llevar una vida saludable y prefiere curar enfermedades como embarazos adolescentes, drogadicción, pobreza, crimen, etc.

Se analizó la cultura familiar en todo el mundo concluyendo que la gente está de acuerdo en la necesidad de una madre y un padre para el bienestar del niño, que el matrimonio no es una institución anticuada y que un mayor apoyo a la institución matrimonial sería de gran apoyo.

La sociedad occidental actual tiene una crisis humana: aumenta la separación familiar, los niños crecen sin sus padres, el nivel de fertilidad disminuye. En resumen, la sociedad se ve incapaz de unir en matrimonio a hombres y mujeres y por lo tanto, de educar a la siguiente generación.

En contraste con ello, la legislación y la jurisprudencia por parte de las cortes se encuentran en una tendencia contraria a todo esto, es decir, parece que actúan sin conocer que la sociedad apoya una unión entre hombre y mujer y no entre dos adultos, como si esta relación fuera interesante para el Estado, cuando no tiene nada que aportarle.

Finalmente, identificado el problema, se abordó definiendo qué es realmente esta institución. El matrimonio es una realidad jurídica creada y controlada por el Estado. Idea que justifica la intervención de éste, pero en una base débil que no puede mantenerse aislada.

Para completarlo como una realidad jurídica, es necesario afirmar que también es un Bien Humano Básico, es decir, un modo fundamental por el que una persona puede llegar a desarrollar sus potencialidades constitutivas. Es un bien que lleva a actuar de una manera y no de otra. También es una unión completa de dos personas.

Tres formas que se necesitan unas a otras. Ver el matrimonio como una institución jurídica es incompleto, necesita verse como un bien humano básico que consiste en la unión. Verlo como un Bien Humano Básico necesita de la unión y de la institución jurídica. Verlo como una unión necesita describirse como un Bien Humano Básico protegido por la institución jurídica.

Finalmente, se abordaron dos visiones sobre el Matrimonio, las cuales no se complementan, al contrario de las tres distinciones pasadas, pero se confrontaron con ellas.

La primera es la Revisionista, que ve el matrimonio como el reconocimiento público de una relación de compromiso entre un hombre y una mujer (o dos adultos) para su complementariedad. La segunda es la Conyugal, que es la unión de un hombre y una mujer, entre ellos y los hijos nacidos de esa unión.

Con el estudio del interés del Estado por ciertas relaciones humanas como la amistad, se ve que al Estado no le interesa todo tipo de relación humana, sino solo aquella que le presenta cierto beneficio. En ese sentido, la visión revisionista pierde la partida.

Si algo es bueno para la sociedad, las personas tienen derecho a ello, la iniciativa privada no lo puede proporcionar, la sociedad sentiría una gran pérdida sin él y el Estado lo puede asegurar; En definitiva, es interés del Estado.

La sociedad necesita matrimonios fuertes, que beneficien a los hijos por un ambiente sano, de amor y cuidado por su madre y su padre.

Si el matrimonio es la unión de dos personas para ser felices independientemente de procrear y educar hijos, ¿Dónde está el interés del Estado y de la sociedad por esa unión? ¿Por qué intentar regular una relación que aporta menos que el daño que hace?

En el último capítulo de este trabajo hablamos sobre la redefinición del matrimonio, primero, con temas fundamentales de la persona, para analizar si tenemos la libertad y el derecho de modificar el concepto de matrimonio.

No somos libres de redefinir la esencia de una institución natural como el matrimonio, justo por eso, porque es una institución natural, no un convencionalismo de alguna sociedad en cierto tiempo y lugar.

Si existen limitaciones a la libertad del hombre, pero no por eso somos menos libres. De esa manera, no tenemos derecho a acceder al matrimonio si entendemos al derecho como se entiende en la actualidad (algo exigible) porque no se le puede exigir a nadie que se case con otra persona o que el Estado deba otorgar un cónyuge a quien quiera casarse.

Estamos en una sociedad donde todos tienen sus diferentes ideas y opiniones, y deben ser escuchadas, pero siempre hay un límite: la esencia de las cosas.

Abordando el tema de la justicia se notó que es justa la visión conyugalista porque mantiene un orden debido en las cosas.

Por último, no da igual cambiar el concepto del matrimonio. Muchas veces, al discutir este tema se termina concluyendo que da igual cómo se ve al matrimonio, que cada quien puede pensar como quiera y eso no afecta a la sociedad.

Se vio que el adoptar en la ley la visión revisionista del matrimonio provoca 5 problemas en la sociedad:

1. El debilitamiento de la figura matrimonial.
2. El expansionismo innecesario del Estado.
3. La superficialidad de la maternidad y paternidad.
4. El atentado a la moral.
5. El sabotaje a la amistad.

No es discriminación plasmar en la ley que el matrimonio es entre hombre y mujer porque se está viendo un beneficio legítimo que interesa al Estado (lo hijos) y no uno que –aunque importante- no es prioridad (la felicidad de dos adultos).

PROPUESTAS

¿Y qué se debe hacer? Como sociedad, defender al matrimonio, aunque en esta investigación se vio que el Estado tiene un interés sobre el matrimonio, la realidad es que la principal interesada siempre es la sociedad, la cual se refleja inmediatamente en la persona individual.

Paralelamente, las empresas también tienen un interés económico que no pueden ignorar: una buena cultura familiar y matrimonial que fomente el crecimiento de la economía les beneficia primariamente a ellos.

Por último, el Estado -el interesado-, debe tener en cuenta que redefinir el Matrimonio va en contra de su papel en la sociedad. Éste no tiene ningún interés en regular cualquier tipo de relaciones humanas, sino solo las que son de orden público y traen un beneficio. Hacerlo sería atentar contra su propio fin: Buscar el bien común.

Que un órgano judicial cuente con la facultad de interpretar normas, eso no garantiza que estas sean correctas, tampoco pueden arrebatar la facultad de crear normas que solo pertenece al poder legislativo para imponer una visión fuera de una discusión democrática de parte de los representantes de la sociedad en las legislaturas locales y federales.

Es por eso que, si el Estado va a redefinir el matrimonio, tanto en la legislación como en la jurisprudencia, hay tener en cuenta que no le interesa la unión de dos personas que sienten mutuo aprecio, pues no le beneficia en nada, al contrario, le afecta. En cambio, un buen concepto del matrimonio le traerá mejores beneficios.

Es cierto que algún sector de la sociedad podría verse afectado por una visión conyugalista, pero no es válido que lo sacrificado sea mayor que lo ganado.

Y en este caso sí es injusto que se dedique a proteger una institución que ni es natural y que solo trae daño a la sociedad contra una institución natural que sí la beneficia.

El matrimonio entre un hombre y una mujer trae el bienestar de los hijos y de los esposos, un bienestar que el Estado no les puede dar por sí solo.

BIBLIOGRAFÍA

ADAME GODDARD, Jorge, *El matrimonio civil en México (1859-2000)*, Instituto de investigaciones jurídicas de la UNAM, México, 2004.

ALBA-HERNÁNDEZ, Francisco, La Población de México, 1974. http://www.cicred.org/Eng/Publications/pdf/c-c36.pdf.

ARGANDOÑA, Antonio, *El bien común*, *http://www.iese.edu/research/pdfs/DI-0937.pdf.*

Banco Mundial, *Fertility rate.* http://data.worldbank.org/indicator/SP.DYN.TFRT.IN?

BRADFORD, W, *El matrimonio importa: 26 conclusiones de las Ciencias Sociales*, Social Trends Institute, U.S.A., 2006.

-----------------------, *El Dividendo Demográfico Sostenible ¿Qué tienen que ver el matrimonio y la fecundidad con la economía?*, Social Trends Institute, U.S.A., 2012.

CASTRO, Teresa, *La fecundidad no matrimonial en América Latina: indicadores y análisis comparativos a partir de datos censales.* http://www.fcs.edu.uy/archivos/Mesa_46_Castro%20Mart%C3%ADn%20et%20al.pdf.

CHESTERTON, Gilbert K., *El amor o la fuerza del sino*, RIALP, España, 2000.

CICERON, "La Amistad", Trotta, Madrid, 2002.

CRUZ, Oscar, *Historia del Derecho en México*, Oxford, México, 2004.

DE LA MATA PIZAÑA, Felipe, *Derecho Familiar y sus reformas más recientes a la legislación del distrito federal,* Porrúa, México, 2012.

DONATI, Pierpaolo, Manual de sociología de la familia, EUNSA, España, 2003.

ESQUIVEL OBREGÓN, T. *Apuntes para la historia del Derecho en México*, Porrúa, México, 1984.

ETCHEVERRY, Juan, et al., *Ley, Moral y Razón*, UNAM, México, 2013.

FIGUEROA, Giovanni Azael, "Algunas consideraciones sobre el criterio de presunción de constitucionalidad de la ley. Su configuración y desarrollo práctico en el control abstracto de constitucionalidad mexicano", *Revista Jurídica del poder judicial del estado de Nayarit* (n° 58), octubre del 2008.

FINNIS, John, *Aquinas*, Oxford University Press, UK, 1998.

------------------, *Ley Natural y Derechos Naturales*, Traducción de: Cristóbal Orrego, Abeledo-Perrot, Argentina, 2000.

------------------, *Marriage: A basic and exigent good,* Social Science Research Network, USA.

GAUDEMET, Jean, *El Matrimonio en Occidente*, Taurus, España, 1993.

GARZA, María de las Mercedes, "El matrimonio, ámbito vital de la mujer maya", *revista de arqueología mexicana*, Ciudad de México, volumen 60, 2003.

GIRGIS, Sherif, *What is marriage? Man and Woman: A defense*, Encounter books, U.S.A. 2012.

HABERMAS, Jürgen. "¿Fundamentos pre políticos del estado democrático de derecho?" *Entre Razón y Religión: Dialéctica de la secularización*. Fondo de cultura económica. México, 2008.

INEGI, Censo de población y vivienda 2010.

LÓPEZ PADILLA, *Amistad: hacer amigos en la vida ordinaria*, IISOP, México.

MAY, William B. *Getting the marriage conversation right*, Emmaus Road, U.S.A. 2012.

MCINTYRE, Alasdair, "After Virtue" Bloomsbury Academic, USA, 2011.

PACHECO, Alberto, *La familia en el Derecho Civil Mexicano*, Panorama, México, 1991

PALLARES, Eduardo, Leyes complementarias del Código Civil, México, 1920.

PALLARES, Pedro. El "ajustado" y "lo justo", México, 2015. http://la44074.blogspot.mx/2015/11/el-ajustado-y-lo-justo.html.

POPENOE, David, *Life without father*. http://files.eric.ed.gov/fulltext/ED416035.pdf.

ROJINA, Rafael, *Compendio de Derecho Civil: Introducción, personas y familia*, 21ª Edición, Porrúa, México, 1986.

SANDEL, Michael, "*Justice: What's the right thing to do?*" Harvard, 2005. http://www.justiceharvard.org/2011/02/episode-two/.

SCOTT, Mindy, et al., *World family map*, USA, 2015, http://worldfamilymap.ifstudies.org/2015/wp-content/uploads/2016/03/WorldFamilyMap-2015-Spanish-ForWeb.pdf.

TENA RAMÍREZ, Felipe, *Leyes fundamentales de México*, Porrúa, México, 1991.

Universidad Complutense de Madrid. *Diccionario de ciencias sociales* http://pendientedemigracion.ucm.es/info/eurotheo/diccionario/E/ef_1generacion.htm.

US Department of Justice, *Criminal Victimization*, 2012. http://www.bjs.gov/content/pub/pdf/cv12.pdf

US Department of Justice, *Female Victims of Sexual Violence, 1994-2010*. http://www.bjs.gov/content/pub/pdf/fvsv9410.pdf

VILADRICH, Pedro-Juan, El modelo antropológico del Matrimonio, RIALP, España, 2001.

LEGISLOGRAFÍA

Código Civil Federal.

Constitución Política de los Estados Unidos Mexicanos.

Convención sobre los derechos de los niños.

www.ingramcontent.com/pod-product-compliance
Lightning Source LLC
Chambersburg PA
CBHW030659220526
45463CB00005B/1845